세 상 을
바로 읽는
진실의 힘

팩트
체크

정치·사회 편

세 상 을 바 로 읽 는 진 실 의 힘

팩트체크

정치·사회 편

F A C T C H E C K

JTBC 뉴스룸 〈팩트체크〉 제작팀 지음

중앙books

한 발 늦은 뉴스지만
누구보다 한 걸음 더

《팩트체크》후속권을 막 탈고한 이후 팩트체크가 방송 300회를 맞았다. 팀의 후배가 단체 채팅방에서 알리지 않았다면 모르고 넘어갈 뻔 했다. 지난 100회나 200회 방송은 모두 특집으로 준비했다. '시청자들이 꼽은 팩트체크 베스트'를 소개하거나 '팩트체크를 체크한다'는 제목으로 이른바 뉴스 애프터 서비스를 하기도 했다. 하지만 300회 때는 아무것도 준비하지 못했다. 어차피 매일 하는 코너, 100회 단위마다 특집을 할 필요가 있겠느냐는 생각도 있었지만, 다른 이유도 컸다. 200회까지 느꼈던 뿌듯함과 감동이 막상 300회가 되니 부담감으로 바뀌었다. 횟수가 거듭되는 만큼 본래의 취지를 잘 살리고 있는지, 성과를 내고 있는지에 대한 두려움도 있었다.

지난해 11월《팩트체크》를 책으로 낸 후 후속권을 펴내기까지 많은 일들이 있었다. 나라 밖에선 일본이 결국 헌법을 개정해 '전쟁을 할 수 있는 나라'가 됐고, 북한은 4차 핵실험에 로켓까지 발사하며 한반도의 긴장감을 높였다. 대선 레이스가 본격적으로 시작된 미국에서는 공화당 대선 주자 도널드 트럼프가 쏟아내는 엄청난 양의 막말을 현지 팩트체커들이 미처 따라잡지 못하는 모습이다. 나라 안에선 여야 할 것 없는 희대의 공천 파동 끝에 20대 총선이 치뤄졌고, 예상치 못한 여당의 참패로 끝나면서 16년 만에 '여소야대' 정국이 됐다.

후속권 집필 과정은 그동안 팩트체크에서 이런 대내외적인 변화를 제대로 다뤘는지 되짚어보는 계기가 됐다. 격려와 칭찬에 뿌듯한 적도 있지만 아쉬운 적도 많았다. 누군가를 속 시원하게 한 적도 있겠지만 서운하게 만든 경우도 적지 않았다. 기자가 된 이상 누구도 서운하지 않게 한다는 것은 불가능하다. 하지만 취재가 부족하고 집중력이 떨어져 팩트가 흔들릴수록, 누군가의 서운함은 더 커진다는 것이 그간 팩트체크를 하면서 깨달은 바다. 그 아쉬움과 부족함의 무게를 가늠할 수 없기에 책으로 엮어 내는 일은 여전히 조심스럽다.

2016년 4·13 총선을 즈음해 온오프라인의 여러 매체에서 '팩트체크'라는 이름이 부쩍 많이 등장했다. 여러 국회의원 후보들의 거짓말을 잡아냈고, 정부 발표의 은폐된 진실을 밝혀내는 데 많은 팩트체커들의 수고가 있었다. 물론 전부터 이런 코너를 운영하던 매체도 있지만, 팩트체크라는 뉴스 포맷을 유권자들에게 좀 더 친숙하게 하는 데는, 〈JTBC 뉴스룸〉의 팩트체크가 상당 부분 기여하지 않았나 생각해 본다. 후속권을 결심하게 된 것도 이런 이유에서다.

이번 《팩트체크 정치·사회 편》에서는 대한민국을 들끓게 만들었던 정

치 사회 이슈들을 재조명했고, 이후에 출간될 《팩트체크 경제·상식 편》에서
는 우리 생활에서 무심코 지나칠 수 있는 유용한 정보들을 집중적으로 담아
내려 한다. 첫 책이 모든 분야를 다루었다면, 두 번째 책부터는 뉴스 분야를
좀 더 세분화하여 담아보려고 했다.

　　'한 걸음 더 들어간 뉴스'

　　2013년 봄, 손석희 앵커가 JTBC에 처음 왔을 때 기자들과 만난 자리
에서 꺼낸 말이다. 팩트체크가 누군가에게 잘못 알려진 것을 바로잡는 포맷
이다 보니, 이미 조간에 실린 기사나 온라인상에 퍼진 내용이 중요한 취재
대상이 된다. 항상 속보만을 좇았던 기자에겐 낯선 일이었지만 지금은 분명
히 비중 있는 저널리즘의 한 분야로 자리 잡았다. 태생상 '한 발 늦은 뉴스'
일 수밖에 없지만 누구보다 '한 걸음 더 들어갈 수 있는 뉴스', 그것이 바로
팩트체크이다.

2016년 5월
JTBC 뉴스룸 '팩트체크' 김필규 기자

무모한 도전, 수많은 난관을 극복한 팩트체크팀 영원하길

누가 봐도 무모한 도전이다. 팩트를 매일 체크한다니…. 그런데 팩트체크 팀은 그 일을 매일 해왔다. 듣자 하니 전 세계에서 매일 팩트체크를 하는 방송은 우리밖에 없단다.

이 코너는 처음 제안이 있었을 때는 실현되지 않았다. 도무지 가능할 것 같지 않아서였다. 당시는 〈뉴스룸〉이 아닌 〈뉴스9〉 시절이었다. 우선은 방송 시간이 짧아 뉴스 내에서 팩트를 체크할 만한 충분한 시간 확보가 불가능했다. 그리고 무엇보다도 우리의 역량이 충분치 못했다. 그래서 개편 아이디어로 나온 것을 그냥 묵혀두게 된 것이었다. 그로부터 꼭 1년 뒤인 2014년 9월에 〈뉴스룸〉이 출범하면서 '팩트체크'는 살아났다. 두 가지가 있었기에 가능했다. 첫째는 김필규 기자라는 존재이고, 둘째는 그와 함께 일하는 제작진의 열의와 헌신이다.

김필규 기자는 원래는 중앙일보로 입사한 신문기자였다. 그러나 방송기자로서의 자질도 이미 뉴스에서 증명해 보여주고 있었다. '팩트체크' 코너를 만들기로 했을 때 나는 사실 담당 기자를 택하는 데에 그리 많은 시간을 들이지 않았다. 다른 기자들도 모두 동의해 주었다. JTBC 기자들은 각각의 영역에서 매우 뛰어나다. 취재, 중계, 제작, 토크 등에서 모두가 특장점이 있어 다른 공중파들의 절반도 안 되는 인력으로 그들을 능가하는(적어도 내 생각으로는 분명히 그렇다) 방송뉴스를 만들어 낸다. 그러나 '팩트체크'는 나나 누구든 김필규를 떠올렸다. 그렇다. 때로 방송쟁이들은 치밀하거나 과학적이지 않다. 그냥 느낌, 소위 말하는 감으로 선택할 때가 많은데 이상하게도 그렇게 해서 성공한 사례가 많다. 하지만 가만 생각해보면 무조건 감으로 그를 떠올렸던 것은 아니다. 그는 취재기자로서뿐 아니라 연출가적 자질도 보여주고 있었다. 그는 지금도 방송되고 있는 〈다섯시 정치부 회의〉의 산파였고 연출자였다. 지금의 〈다정회〉가 갖고 있는 독특한 포맷과 탄탄한 구조는 김필규와 기자들이 만들어낸 것이다.

제작진으로는 작가 두 사람이 합류했다. 임경빈 작가는 〈다섯시 정치부 회의〉에서 김필규 기자와 함께 일한 작가였다. 처음부터 '팩트체크'로 옮겨오길 열망했을 정도로 코너에 대한 애착이 컸다. 박수주 작가는 〈뉴스룸〉의 전신인 〈뉴스9〉 시절부터 출연자 섭외 등을 맡아서 일했는데, 평소에 지켜보던 바 일에 대한 집요함이 있어서 '팩트체크' 작가로서 적역이라고 보았다.

대부분의 방송쟁이들이 그렇지만, 팩트체크팀도 비록 주중에만 방송된다 하나 주말이 없다. 끊임없이 체크해야 할 대상들을 찾아내야 하기 때문이다. 집에서나 회사에서나 늘 무엇인가를 찾아내야 하는 강박 속에서 산다는 것은 쉽지 않은 일이다. 그렇게 해서 대상을 찾았다 해도 그것이 팩트냐 아니냐를 검증하는 것은 더욱 더 어려운 일이다. 인터넷을 검색하고 논문을 찾아보기도 하며, 걸핏하면 해외 인물들과의 인터뷰도 감행해야 한다. 그것도 대개 하루에 하나가 아닌 두세 개의 팩트체크 거리를 준비해야 안심이 되는 불쌍한(?) 존재들이다. 어디 그뿐이랴. 매일 아침이면 그 두세 개의 아이템들을 보고받고, '딴 거 더 찾아봐'라고 가볍게 비토를 놓거나, 그렇게 준비해서 들어간 방송에서 툭하면 돌발 질문에 '숙제'까지 던져주는 나쁜 앵커도 있다.

이 모든 난관을 뚫고 책까지 내게 된 팩트체크팀이여 영원하라….

덧붙임: 독자들이 잘 모르는 사실 몇 가지. 김필규 기자의 둘째 아들은 '팩트체크'와 태어난 날이 같다. 그래서 김 기자는 둘째가 세상에 나오는 현장에 있지 못했다. 박수주 작가는 일을 쉬고 있지만 여전히 팩트 찾기 직업병에 시달리고 있단다. 박 작가 대신 차지혜 작가가 새롭게 합류했는데 밥 먹을 때는 늘 내가 안 보이는 쪽에 앉아서 먹는다. 이 코너를 제작하는 이진우 프로듀서는 노래를 워낙 잘해서 노래방에선 그 복잡한 랩을 한 번도 틀린 적이 없으며 방송 화면에서는 딱 두 번밖에 오타를 내지 않았다. 늘 인상적인 컴퓨터 그래픽 화면을 만들어내는 이지원 씨는 집이 군부대 내에 있어서 출퇴근 때마다 위병소를 통과하는 매우 특별한 디자이너다.

손석희 JTBC 보도담당 사장

거짓 정보의 공해 속에서
팩트에 귀 기울여 주길

'팩트체크'라는 코너를 만들어보라는 이야기를 처음 들었을 때, 머릿속에선 할 수 없다는 이유가 100가지나 떠올랐다. 설사 시작하더라도 몇 개월 못 버티고 끝날거라는 생각마저 들었다. 그만큼 위험하고 방송에서는 구현 불가능한 포맷이라는 걱정이 앞섰던 것이다.

팩트체크는 미국 미디어에서 먼저 시작된 분야다. 주로 선거 기간 등에 정치인들이 내놓은 발언을 검증하는데, 〈워싱턴포스트〉는 그 거짓말 정도에 따라 피노키오 개수를 부여한다. 〈탬파베이타임스〉의 '폴리티팩트(PolitiFact)'에서는 '진실-반만 진실-반은 거짓-거짓'으로 구성된 '진실게이지(Truth-O-Meter)'로 판정을 내린다. 면전에 대고 "당신 거짓말 하고 있소"라고 이야기하는 셈이니 정치인들 입장에선 팩트체커들이 달가울 리 없다. 그런 이유에서 팩트체크는 항상 정파성 논란에 휘말리기도 한다. 정치적 의도를 가지고 특정 진영을 공격하는 수단으로 활용된다는 것이다. 특히 온라인 매체 위주로 팩트체크가 진행되다 보니 그런 비판의 여지가 더 많은 면도 있다.

이런 배경을 알고 있기에 방송이라는 매체를 통해서는, 특히 사소한 실수에도 심의와 소송의 위협이 도사리고 있는 국내 미디어 환경에선 팩트체크라는 포맷을 도입한다는 것이 무모하다는 판단이 들었다. 하지만 개편 과정에서 이런 항변은 받아들여지지 않았다. 오히려 '5분 이상, 매일 해야 하며, 다른 기자와 번갈아 하지 말고 혼자 진행해야 한다'는 조건만 덧붙여졌다. 구성이나 제작 방식 역시 알아서 하라는 지시였다. 퇴로는 없었다.

결국 여러 고민 끝에 '한국판' 'TV판' 팩트체크에서는 소재를 정치인의 발언에 한정 짓지 않고 다양한 분야로 넓히기로 했다. 경제 통계의 오류, 잘못된 건강 상식, 납득하기 힘든 사건 판결 등을 모두 팩트체크의 영역으로 삼았다. 그리고 복잡한 주제를 다루더라도 방송의 긴장감을 유지할 수 있도록 손석희 앵커와 대화를 주고받는 방식을 택했다. 그렇게 2014년 9월 22일 첫 방송이 시작됐고, 당초 '기대'와 달리 팩트체크는 1년을 지나, 200회를 넘어 지금 이렇게 책으로까지 나오게 됐다.

_____ **팩트체크의 하루**

팩트체크의 하루는 오전 8시에 시작해 밤 10시에 끝난다. 사무실로 출근해 조간과 인터넷으로 화제가 되고 있는 소식들을 확인한 뒤 준비한 그날 기삿거리를 가지고 보도총괄과 각 부장들이 참석하는 아침 편집회의에 들어간다. 이곳에서 그날 아이템이 정해지면 곧장 팩트체크 팀원들과 함께 취재 방향을 논의한 뒤 본격적인 업무에 들어간다. 취재한 내용을 바탕으로 오후에 1차 기사 작성을 마치면 PD, 그래픽디자이너와 함께 구성 회의를 시작한다. 아무리 좋은 내용이라도 시청자들에게 어렵다면 아무 소용이 없다. 그래서 가장 이해하기 쉬운 전달 방식을 찾아내는 게 이 회의의 관건이다(복잡한 이론을 애니메이션으로 설명하거나 덜 익은 돼지고기를 직접 먹어본 것, 앵커와 직접 셀카봉으로 사진을 찍어보는 등의 아이디어도 이런 취지에서 나온 것이다.).

논의된 구성 방식에 따라 기사를 최종 완성하는 시간이 보통 오후 5~6시. 앵커와 함께 기사 내용을 점검한 뒤 간단한 저녁식사를 마치면 어느새 방송 들어갈 시간이다. 하루가 빡빡하게 돌아가기 때문에 사전 제작은커녕, 리허설을 해볼 시간도 없다. 거의 '날 방송'을 하는 셈이지만 '방송 9단' 앵커의 리드 덕분에 자연스럽게 잘 진행되어왔다.

이렇듯 '방송을 통해' '매일 하는' 팩트체크는 다른 나라 팩트체커들이 보기에도 이례적이었던 모양이다. 영국 런던에서 31개국 70여 팩트체커들이 참석했던 '글로벌 팩트체킹 서밋(Global Fact Checking Summit)'에서도 한국 JTBC의 팩트체크에 대해 많은 이들이 관심을 보였다. 폴리티팩트의 설립자로서 지금은 듀크대 언론정보학과에서 강의하고 있는 빌 아데어(Bill Adair) 교수는 "팩트체킹은 세계 각지에서 '책임 저널리즘'의 강력하고 중요한 새로운 형태로 자리 잡았다"라면서 "팩트체크의 다음 영역은 방송인데 그런 면에서 JTBC 팩트체크가 훌륭한 모델"이라고 평가하기도 했다.

_____ 귀이개, 사이다, 효자손.

팩트체크 200회 특집으로 '팩트체크에 바라는 점'에 대한 온라인 설문조사를 진행했는데 거기서 나왔던 팩트체크에 대한 표현들이다. 아마도 시청자들의 목마름을 해소해주고 가려운 곳을 긁어줬다는 평가인 듯하다. 간혹 방송 후 인터넷 댓글이나 SNS를 통해 'JTBC가 있어줘서, 팩트체크가 있어서 고맙다'

는 글을 남기는 분들도 있다. 매일 매일 채워야 하는 분량 때문에 허덕이고 방송 후엔 항상 아쉬움을 삼키며 스튜디오를 나서는 입장에선 과분하면서도 반성케 하는 반응이 아닐 수 없다.

앞서 팩트체크라는 포맷에 대한 여러 어려움을 언급했지만, 사실 가장 부담이 되는 것은 코너명에 있는 '팩트'라는 단어다. 흔히들 팩트를 이야기하지만 그 단어가 가지고 있는 무게감은 상당하다. 그래서 심지어 사석에서, 회사 동료들과 잡담을 하다가도 "팩트체커가 팩트를 틀렸네"라는 말은 항상 스트레스가 된다. 방송 직전이라도 한 번 더 전화해 보고, 한 번 더 확인하고, 기사에 쓴 단어 표현 하나도 다시 짚어보게 되는 것도 그런 이유에서일 것이다.

이제 15년 차 기자가 되지만 아직도 이런 코너를 진행하기에 부족함을 많이 느낀다. '분석기사의 달인'이라는 모 주간지 기자, 경제 현안 설명에 있어서 타의 추종을 불허한다는 모 방송사 기자, 오랜 정치부 경험으로 정치인의 말 바꾸기를 콕 집어내는 모 신문사 기자가 부러울 때가 많다. 그럼에도 이 책을 기획하게 된 것은 그동안 다뤘던 이슈들을 다시 한 번 되짚어보며 앞으로 더 나은 팩트체크를 만들어보자는 취지에서다. 또 전파를 통해선 짧게 스쳐 지나갔던 내용들을 한데 묶음으로써 이제 걸음마 단계인 한국에서의 팩트체크에 대한 기록을 남기고자 함도 있다.

인터넷, 모바일 시대에 쏟아지는 정보의 양은 어마어마하다. 그러다 보니 거짓 정보, 필요 없는 쓰레기 정보도 참 많다. 디지털 시대에는 진실이 드러나지 못하는 일이 없을 거라고 봤는데, 워낙 거짓 정보가 많다 보니 드러난 진실도 묻혀서 사라지는 경우가 많아졌다. 어쩌면 예전보다 더 혼탁한 상황인지 모르겠지만 그래도 어찌 보면 팩트체크가 등장할 수 있었던 것도 이런 거짓 정보의 공해 덕분이다. 완전히 새로운 소식은 아니더라도, 참과 거짓을 가려주는 뉴스에 많은 시청자들이 귀를 기울여준 것이다.

지금 미국에는 44개 언론매체와 기관에서 팩트체크를 하고 있다. 유력 정치인이라면 내놓는 발언마다 수술메스를 들고 달려드는 이들을 상대해야 한다. 그러다 보니 백악관에는 팩트체커들만 전담해 상대하는 2명의 스태프가 있고, 힐러리 클린턴을 비롯한 각 대선 주자 캠프에서도 팩트체커 전담 보좌관을 두고 있다. 내년 총선과 그 다음 해 대선을 앞두고 있는 한국에서도 이처럼 팩트체크가 활성화되기를 바라는 마음 역시 이 책의 기획 의도 중 하나다.

그리고 JTBC 팩트체크가 앞으로 나올 여러 팩트체커들 가운데 진정 시원함을 주는 귀이개, 사이다, 효자손이 될 수 있도록 노력하겠다는 다짐 또한 이 책을 내면서 다시금 해보게 된다.

JTBC 뉴스룸 '팩트체크' 김필규 기자

차 례

1장   무엇이 우리 사회를 들끓게 하는가

3장 법과 제도는 우리 생활을 어떻게 변화시키는가

무엇이 우리 사회를
들끓게 하는가

역사교과서 논란,
어떻게 해석해야 할까

"올바른 역사교과서를 만들겠다."
2015년 하반기, 청와대와 교육부는
이런 주장을 내걸고 역사교과서 국정화를 추진했다.

문제가 많았던 민간 검정교과서 대신에
정부가 인정한 '올바른 역사'를 담은
국정교과서를 만들겠다는 주장은
대한민국을 두 쪽으로 쪼갤 정도의 커다란 논란을 불렀다.

논란에도 불구하고 정부는 교과서 국정화를 단행했다.
그 결과물은 어떠할까?
1970, 80년대에 나온 국정교과서를 통해
향후 중등 국정 역사교과서의 모습을 짐작해볼 수 있다.

헌정을 중단시킨 10월 유신에 대해
'국가 안보와 지속적인 경제성장을 위해 유신을 선포했다'고 서술하면서
박정희 정권을 '독재'가 아닌 '장기집권'이라고 표현했다.
5·16 군사쿠데타를 '국민생활의 안정과 공산주의 반대를 주장'했다고
긍정적으로 서술하기도 했다.

논란은 여전히 진행 중이다.
'올바른 역사교과서'는 과연
'올바른 역사'를 가르칠 수 있을까?

황우여 교육부장관·부총리

"역사 교과서에 대한 오류·편향성
논란이 지속적으로 발생하고
균형 잡힌 역사 인식 확립을 위해
한국사 교과서 개발이
대두되고 있다"

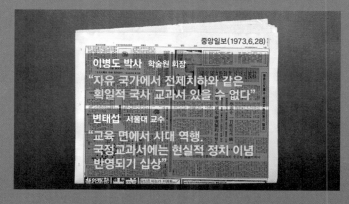

중앙일보(1973.6.28)

이병도 박사 학술원 회장

"자유 국가에서 전제치하와 같은
획일적 국사 교과서 있을 수 없다"

변태섭 서울대 교수

"교육 면에서 시대 역행.
국정교과서에는 현실적 정치 이념
반영되기 십상"

2015년 국회 국정감사에서는 '역사교과서' 문제가 논란의 중심에 섰다. 그동안 여러 출판사에서 발행하던 민간 검정교과서를 정부가 국정교과서 하나로 통일하겠다는 방침을 밝히면서 한국 사회를 둘로 쪼개는 충격파를 던진 것이다. 국정교과서가 '올바른 역사'를 가르치는 표본이 될 것이라는 정부·여당과 획일화된 역사교과서는 진정한 역사교육이 아니라는 야당의 입장이 팽팽하게 맞섰다.

정부가 국정화 카드를 던진 첫 번째 명분은 '민간에 맡겼더니 편향성이 심해지고, 오류가 많다'는 점이었다. 황우여 당시 교육부 장관은 국정감사에서 "역사교과서에 대한 오류·편향성 논란이 지속적으로 발생하고 있다. 국민통합과 균형 잡힌 역사 인식 확립을 위해 한국사 교과서를 개발해야 한다는 이야기가 나오고 있다"라면서 국정화의 필요성을 강조했다.

실제 검증 결과, 민간 검정교과서에서 많은 오류가 발견되기도 했다. 2012년 8종의 한국사 교과서에서 오류를 수정한 건수를 집계해봤더니 총 1433건, 출판사별로 평균 179건 정도였다. 결코 적지 않은 숫자다.

자료: 역사교육연대회의

　하지만 이런 오류 문제는 민간 검정교과서에서만 발생하는 것이 아니다. 역사교육연대회의에서 현재 국정으로 돼 있는 초등학교 5학년 사회교과서를 검증한 결과, 100여 건 이상의 크고 작은 오류가 발견됐다. 고려시대 그림인데 조선시대에 보편화되기 시작한 빨간 김치가 나오고, 태조 왕건이 신하들이 입는 복색을 착용하고 있고, 분류상 '누각'에 해당하는 보신각을 '종'이라고 설명하는 등 오류의 내용도 다양했다.

　교과서에서 드러나는 오류만을 비교한다면, 국정교과서가 딱히 민간 검정교과서보다 낫다고 주장하기 어려운 결과다. 사람이 하는 일이기 때문에 오류를 찾아내고 수정하는 작업이 중요하다는 정도로 정리할 수 있겠다.

_____정부가 내세우는 교과서 국정화의 명분

정부와 일부 학자들이 주장하는 또 다른 국정화의 명분은 '국사가 수능 필수
과목이기 때문에 필요하다'는 것이었다. 한국사는 2017학년도부터 수능 필
수과목으로 포함될 예정인데, 이 때문에 학생들이 통일된 하나의 교과서를
가지고 시험을 준비해야 한다는 이야기다.

하지만 이것도 국정화의 논리가 되기엔 부족하다. 1994학년도부터
2004학년도까지 11년 동안 수학과 영어가 수능 필수과목이었지만, 일선 학
교에선 두 과목 모두 국정이 아닌 민간 검정교과서를 사용해 왔다. 이 때문에
정의당 정진후 의원은 "수능 필수과목이라는 게 국정화의 근거가 될 수는 없
다"라고 반박하기도 했다.

한편 국정화를 반대하는 쪽에서는 OECD 국가들 중에 국정 역사교과
서를 쓰는 곳이 한 곳도 없다는 점을 지적한다.

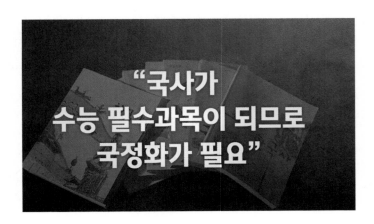

교육부 조사 결과, OECD 국가들 중에서 국정 역사교과서를 쓰는 나라가 한 곳도 없는 것은 아니었다. OECD 34개국 중 그리스와 터키, 아이슬란드에서 국정 역사교과서를 쓰고 있는 것으로 확인됐다. 그런데 터키와 아이슬란드는 민간 검정교과서를 같이 사용하고 있어서, 순수하게 국정교과서만 채택하는 곳은 그리스 하나였다.

혹시 OECD 회원국 외에 국정 역사교과서를 쓰는 나라가 있는지 확인해 봤다. 북한과 베트남, 스리랑카, 몽골 등이 국정 역사교과서를 쓰고 있었다. 이렇게 따져보면 선진국 중에는 국정 역사교과서를 쓰는 곳이 거의 없는 셈이었다. 교육부에서도 이런 점을 의식해 2015년 8월 국회에 제출한 보고서에 역사교과서를 국정화할 경우 'OECD 회원국 중 유일한 나라가 된다는 부담이 존재한다'는 내용을 스스로 밝히기도 했다(이 당시에는 그리스가 파악되지 않은 상태였다).

'한 가지 역사로 국민을 육성하는 게 옳다'라는 황우여 당시 교육부 장관

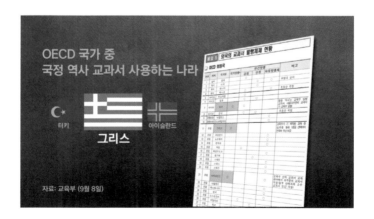

의 주장도 논란이 됐다. 역사교육이 중요하기 때문에 일선 교실에서 혼란스럽지 않게 한 가지 관점으로 통일하자는 얘기였다.

이와 비슷한 논란이 유신 독재 시기인 1973년에도 있었다. 당시 총 22종이던 중·고교 역사교과서를 국정화하면서 하나로 통합하는 조치가 내려졌다. 당시 〈중앙일보〉 지면을 보면 국사학계 원로인 이병도 박사가 "자유국가에서 전제 치하와 같은 획일적인 국사교과서가 있을 수 없다"라고 반발했고, 변태섭 서울대 교수는 "이건 시대를 역행하는 조치다. 국정교과서에는 현실적 정치이념이 반영되기 십상"이라고 경고했다.

실제로 학자들의 이런 우려들이 국정교과서에 현실화됐다. 1979년에 나온 국정 국사교과서를 보면 10월 유신을 '급변하는 국제정세에 대처하고 민족중흥의 역사적 사명을 달성할 정치 사회 풍토를 조성하고자 단행한 것'으로 설명하고 있다.

또 1982년 국사교과서 마지막 장을 보면 '5공화국은 정의 사회를 구현하기 위한 모든 비능률·모순·비리를 척결하며, 국민의 진정한 행복을 위해 민주 복지국가 건설을 지향하고 있는 만큼 우리나라의 장래는 밝게 빛날 것이다'라고 마무리하고 있다. 민주화를 이뤄낸 오늘의 역사관으로 봤을 때 도저히 받아들일 수 없는 서술이 당시 집권세력의 의도에 맞춰 버젓이 적혀 있다. "한 가지 역사로 국민을 육성하는 게 옳다"라는 황우여 전 장관의 시각이 우려되는 대목이다.

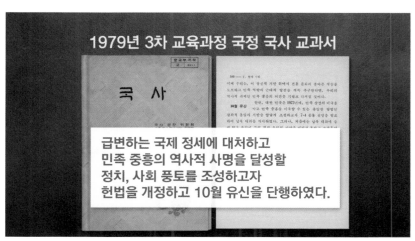

1979년 3차 교육과정 국정 국사 교과서

국 사

급변하는 국제 정세에 대처하고
민족 중흥의 역사적 사명을 달성할
정치, 사회 풍토를 조성하고자
헌법을 개정하고 10월 유신을 단행하였다.

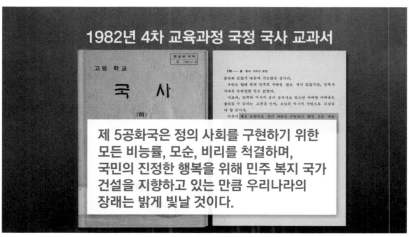

1982년 4차 교육과정 국정 국사 교과서

고등 학교

국 사

(하)

제 5공화국은 정의 사회를 구현하기 위한
모든 비능률, 모순, 비리를 척결하며,
국민의 진정한 행복을 위해 민주 복지 국가
건설을 지향하고 있는 만큼 우리나라의
장래는 밝게 빛날 것이다.

_____'산미증식계획', '김일성 주체사상' 역사적 사실에 대한 서술 논란

국정화 논란을 두고 펼쳐진 JTBC 〈뉴스룸〉의 특집토론을 보면, 이 문제가 간단하지 않다는 점을 더 확실히 알 수 있다. 역사적 사실의 서술을 둘러싼 몇몇 주제들은 특집토론을 통해서도 서로의 주장이 엇갈려 '팩트체크'팀에서 따로 검증해봐야 할 정도였다.

가장 관심을 많이 끈 주제는 일제의 '산미 증식계획'과 관련해 쌀을 일본으로 내보낸 게 수출이냐 수탈이냐 하는 논란이었다.

산미 증식계획은 1차 세계대전 이후 일본의 산업화로 농촌 인구는 줄고 도시에선 쌀 수요가 많아지자, 조선에서 생산량을 늘려 일본에 공급할 계획으로 1920년부터 1934년까지 추진된 식민지 농업정책이다. 이를 둘러싼 일련의 정책과 현상이 수출이냐 수탈이냐를 놓고서 2000년대 중반부터 교과서가 나올 때마다 논란이 돼 왔다.

〈뉴스룸〉 특집토론에 참여한 권희영 한국학중앙연구원 교수는 수출이 맞다는 입장이었다. 수출은 돈을 받고 외국으로 쌀을 내보낸 것이고, 수탈은 돈을 지불하지 않고 가져갔다는 느낌을 주는데, 일본은 대가를 지불했다는 게 권 교수 주장이다. 수출 과정에서 조선이 불이익을 당했다는 식으로 표현하는 게 맞지, 수탈이라고 해선 안 된다는 것이다.

반면 이신철 성균관대 연구교수는 조선에도 쌀이 모자라는 상황에서 일본이 쌀을 강제로 가져간 거라고 맞섰다. 식민지라는 상황을 빼놓고 단순히 돈 문제로만 볼 수 없다는 얘기였다.

민간 검정교과서 8종 모두를 확인한 결과, 미래엔·교학사 등 4종에서는

'수탈'로 표현했고, 지학사 등 3종은 수출이나 수탈이란 표현 없이 '반출'이라는 표현을 사용했다. 나머지 한 교과서에선 수출과 수탈을 모두 사용하고 있었다. 민간 검정교과서에서 '수출'이라고만 쓰는 곳은 없었다.

이 문제를 정확히 보려면 8개 검정교과서가 모두 공통적으로 사용하고 있는 그래프를 살펴볼 필요가 있다. 1920년 이후 산미 증식계획에 따라 조선에서 쌀 생산량은 늘었지만, 일본에서 가져가는 양도 크게 늘었다. 그 결과 조선인 한 사람이 먹는 쌀 소비량은 오히려 줄었다는 내용이다.

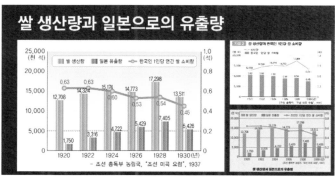

이로 인해 당시 조선인들의 삶이 어떠했는지는 1930년대 동아일보 사설이 잘 보여준다. '쌀 생산량은 늘었는데 다 일본으로 건너가면서 값은 떨어지니 제값을 못 받는다. 풍작이 오히려 저주다. 모든 인민을 가난함에 빠뜨리는 산미 증식계획을 중단하라'라는 내용이 당시 신문에 잇따라 등장한다. 산미 증식계획이 조선 사람들의 삶을 더 피폐하게 만들었다고 짐작할 수 있는 대목이다.

일제시대 당시에는 일본으로의 쌀 반출을 '이출'이라고 표현했다. 조선은 당시 국가가 아니었기 때문에 일본 내에서 대가를 주고 상품을 이동하는 것으로 표현한 것이다.

형식적으로만 보면 일제의 산미 증식계획은 오늘날의 수출이라고 볼 수 있을지 모른다. 하지만 분명한 것은, '소작농으로 전락한 농민들에게 대가가 돌아가지 않는 비정상적 상황이었다는 점이다. 이를 수출로 인정하면 일제의 악명높은 강제징용도 '정당한 고용'이란 논리와 마찬가지가 될 수밖에 없다.

〈뉴스룸〉특집토론에서 또 다른 쟁점은 검정교과서에서 정말 김일성 주체사상을 가르치고 있느냐 하는 문제였다. 국정화 정국에서 새누리당은 여의도 당사 앞에 '김일성 주체사상을 우리 아이들이 배우고 있습니다'라는 플래카드를 내걸면서 이 쟁점을 크게 부각시켰다.

확인 결과 8종 교과서 모두가 주체사상에 대해 다루고 있는 건 사실이었다. 하지만 무비판적으로 인용만 한 곳은 없었다.

금성출판사의 경우 주체사상의 내용에 대해 설명하면서도 '김일성주의로 천명되면서 반대파를 숙청하는 구실 및 북한 주민을 통제하고 동원하는 수단으로 이용됐다'라고 적었고, 지학사와 천재교육 교과서도 '김일성을 신적인 절대 권력자로 만들었다', '우상화에 이용됐다'라는 비판적 서술을 했다.

또 두산동아와 미래엔 교과서에서는 '반대파를 숙청하는 구실이 됐다', '김일성 유일 지배체제 구축에 이용됐다'라고 서술했으며, 리베르와 비상교육 등에서도 비슷한 비판 내용을 싣고 있었다. 교학사의 경우도 '중소 분쟁에서 거리를 두면서 내부적으로 체제 안정을 강화하려는 시도'로 주체사상을 설명하면서 '절대 권력을 합리화했다'라는 등의 비판 내용을 적고 있다.

그런데 이렇게 모든 교과서가 주체사상에 대해 다루게 된 것은 다름 아닌 교육부의 '고교 한국사 집필기준'에 따른 것이다. 교육부가 고시한 '고교

금성출판사 407쪽

그러나 주체사상은 '김일성주의'로 천명되면서 반대파를 숙청하는 구실 및 북한 주민을 통제하고 동원하는 수단으로 이용되었다.

두산동아 314쪽

김일성 개인숭배를 조장하였다. 반대파를 숙청하는 구실

미래엔 350쪽

김일성 유일 지배체제 구축 및 개인숭배와 반대파 숙청에 이용

교학사 342쪽

주체사상은 중·소 분쟁에서 어느 정도 거리를 두면서 내부적으로는 체제 안정을 강화하려는 시도. 김일성을 신격화 하면서 절대 권력을 합리화하였다.

리베르 368쪽

주체사상에 입각한 김일성 개인숭배와 성역화 작업 적극 추진

비상교육 386쪽

주체사상은 김일성 독재체제의 사상적 밑받침. 개인숭배 강화

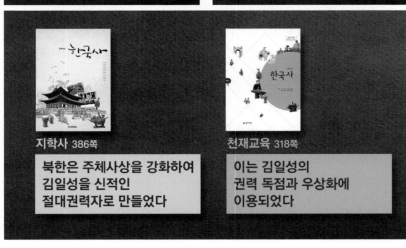

지학사 386쪽

북한은 주체사상을 강화하여 김일성을 신적인 절대권력자로 만들었다

천재교육 318쪽

이는 김일성의 권력 독점과 우상화에 이용되었다

한국사 성취기준'에서도 '주체사상과 세습체제' 등을 학습 요소로 명시해 놨
다. 그러니 주체사상과 관련한 현재 교과서들의 집필이 교육부 지침에서 벗
어났다고 보기는 힘들다. 오히려 교육부에서 주체사상을 교과서에 집어넣도
록 해놓고, 집권 여당에서 그걸 비판하는 꼴이었다.

한양대 사학과 박찬승 교수는 신문 기고를 통해 역사교과서의 의미를
명확히 규정했다. "역사교과서에는 '사람들이 인정해 정해진 설' 정설(定說)이
있을 순 있지만 '올바른 설' 정설(正說)은 없다"라는 것이다. 정부·여당은 국정
역사교과서를 '올바른 역사교과서'라고 칭했지만, 정작 역사에 '올바른 설'은
없다는 역사학자의 일침. 한국 사회를 완전히 둘로 쪼개놓았던 역사교과서
논란 속에서 분명히 기억해야 할 이야기다.

정설 (定說)
정설 (正說)

'올바른' 역사교과서는 없다

기고 | 박찬승 한양대 교수(역사학)

2015년 10월 14일 한겨레신문

꽃으로도 때리지 말아야 할 아이들,
아동학대의 범위는 어디까지인가

"꽃으로도 때리지 말라."
베스트셀러 책 제목인 이 말은
아이들을 사랑으로 훈육하라는 뜻으로
자주 회자되곤 한다.
하지만 한국은 여전히 '사랑의 매'라는 말이
그보다 더 힘을 얻는 사회다.

2013년 보건복지부 조사에서
아동학대 가해자의 80.3%가 부모였고,
아동학대 장소의 80%가 가정이었다는 걸 보면
그런 경향이 뚜렷이 드러난다.

여전히 많은 부모들이
'사랑의 매'를 양육의 중요한 도구로 보고
오늘도 아이들은 매를 맞는다.

꽃으로도 때리지 않고 아이를 기르는 방법,
우리 사회에서는 정말 찾을 수 없는 걸까?

아동복지법 3조

아동학대란 아동의 건강 또는 복지를
해치거나 정상적 발달을 저해할 수 있는
신체적·정신적·성적 폭력 이나 **가혹행위** .
아동을 유기하거나 방임.

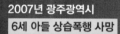

2007년 광주광역시
6세 아들 상습폭행 사망

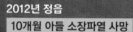

2012년 정읍
10개월 아들 소장파열 사망

징역 5년
징역 2년
집행유예 3년

징역 2년

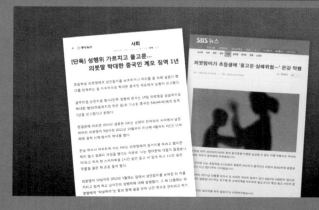

잊을 만하면 터져 나오는 아동학대 사건. 심지어 최근 들어서는 부모의 체벌이나 학대 끝에 아이가 사망하는 사건이 잇따라 보도돼 논란이 더욱 커지는 양상이다. 부모가 하는 체벌이 훈육이냐 학대냐, 그 경계는 어디인지가 논란의 중심이다.

　　한국에서 아동학대 사건이 자주 발생하고 또 끊이지 않는 이유로 '처벌이 약해서'라는 의견이 많다. 아이에 대한 부모의 훈육을 굉장히 넓고 너그럽게 보는 문화 때문에 공권력이 직접적으로 개입하기를 꺼린다는 것이다.

＿＿＿＿＿아동학대의 범위

법적으로는 아동학대, 혹은 아동을 대상으로 한 가혹행위에 대해 명확하고 폭넓게 규정하고 있다. 아동복지법상 '아동의 건강 또는 복지를 해치거나 정상적 발달을 저해할 수 있는 신체적·정신적·성적 폭력이나 가혹행위'를 모두 아동학대라고 규정하고 있다. 그러니까 직접 때리는 것뿐만 아니라 정신적인 고통을 주는 것까지 다 폭넓게 학대라고 보는 것이다.

하지만 그동안 법을 적용하는 단계에서는 좀 다르게 해석된 면도 있었다. '가족 간의 문제'로 봐서 대체로 너그럽게 적용하는 경우가 많았다. 형사 사건을 많이 맡았던 김경진 변호사는 "한국이 전통적으로 가부장적 사회의식이 남아 있었기 때문에, 가정 내의 아동학대에 대해서는 상당히 관대한 경향이 있었다. 그러다 보니 아동이 사망에 이른 경우도 살인의 고의성을 거의 인정하지 않고, 과실 범위에 준해서 처리하는 이런 경향이 있었다"라고 말했다. 심지어 아동학대처벌특례법이 도입되기 전까지는 처벌에 이르는 경우도 많지 않았다고 한다.

실제 2007년 광주에서 여섯 살 아들을 상습 폭행해 죽인 35세 우모 씨는 징역 5년, 이를 방관한 아이 엄마는 징역 2년에 집행유예 3년을 받았고, 2012년 전북 정읍에서 10개월 된 둘째 아들이 게임에 방해된다고 상습적으로 배를 차서 소장 파열로 죽게 한 20대 부모도 각각 징역 2년을 선고 받았다.

소풍 가고 싶다던 딸을 때려 숨지게 한 2013년 '울산 사건'의 경우 언론

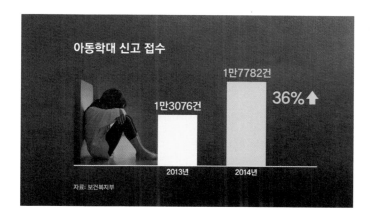

의 조명을 받으면서 살인죄를 적용해 18년형이 선고됐지만, 그동안 대부분은 살인죄가 아닌 상해치사로 취급돼 왔다. 죽일 의도가 없었다는 이유로 상대적으로 낮은 형을 받은 경우가 많았던 것이다.

이러한 추세가 최근 들어 바뀌고 있다. 2014년 아동학대처벌특례법이 제정돼 9월부터 시행되면서부터 2013년 1만 3000여 건 정도였던 아동학대 신고 건수가 2014년 약 1만 8000건으로, 36%나 증가했고, 처벌 수위도 전반적으로 많이 높아졌다.

하지만 여전히 사각지대는 존재한다. 아홉 살 딸이 시끄럽다며 빨래집게로 입술을 집고 물고문하고 옷을 벗겨 집 밖으로 내쫓기도 했던 40대 여성에게 징역 1년이 선고돼 논란이 됐는데, 현행 특례법상 아이가 사망했거나 크게 다쳤을 때를 제외하고 나머지는 가중 처벌 적용이 안 되기 때문이다. 법 적용이 여전히 미진하다는 지적이 나오는 이유다.

물론 법적·제도적인 부분을 정비한다고 해서 아동학대 문제가 완전히 해결되기는 어렵다. 아동보호기관들은 훈육에 대한 기준 자체를 바꿔야 한다고 지적한다. 중앙아동보호전문기관 홍창표 팀장은 "훈육적 체벌에는 아이의 잘못에 대한 가르침뿐만 아니라 부모의 감정이 섞여 들어갈 수밖에 없으므로 경미한 체벌도 학대가 될 가능성이 크다"라고 주의를 당부했다. 체벌은 물론이고 아이에게 부정적인 영향을 줄 수 있는 행위는 극도로 조심해야 한다는 게 전문가들의 의견이었다. 아이의 신체뿐 아니라 감정, 정서에 영향을 줄 수 있는 행위를 모두 학대로 봐야 한다는 것이다.

중앙아동보호전문기관에서는 부모가 스스로 아동학대를 하고 있는지 짚어볼 수 있는 자가진단법을 만들어 제공하고 있다. 매를 들었다거나 직접 신체적인 위해를 가한 적이 있느냐는 항목도 있지만, 언어를 통해 심하게 질책하는 것, 공포 분위기를 조성하기 위해 고함을 지르는 것, 폭력적인 장면을 노출하는 것도 학대의 한 종류로 분류하고 있다. "처음부터 심각한 체벌을 하는 게 아니라 작은 부분에서부터 큰 학대로 이어지는 것이기 때문에 리스트에 있는 항목은 애초에 하지 말아야 한다"라는 게 전문기관의 진단이었다. 아예 시작을 하지 말라는 얘기다.

국제적으로도 아동학대는 항상 초미의 관심사이기 때문에, 아이에 대한

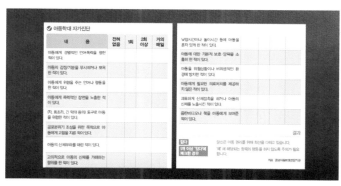

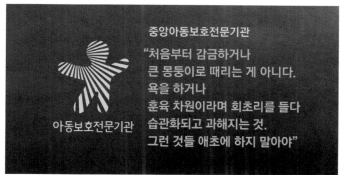

체벌을 아예 금지하고 있는 나라도 많다. 가장 선도적인 나라가 스웨덴인데, 이미 1979년에 이와 관련한 법을 만들었다. 현재 독일, 덴마크, 페루, 우루과이 등 50여 국가에서 체벌을 원천 금지하고 있다.

최근 조사에 따르면 OECD 국가 가운데 법으로 체벌을 금지한 나라에서 아동이 학대로 사망할 확률은 다른 나라에 비해 훨씬 낮아 아동 10만 명당 평균 0.5명이었다. 한국은 1.16명이었고, 29개국 중 3위로 상위권에 속한다.

인터넷 쇼핑몰에서 '회초리'라는 단어만 검색해도 상품화된 다양한 체벌 도구가 나온다. 심지어 '나뭇결이 부드럽고 고급스럽다', '휘두를 때 좋은 소리가 난다'는 부모들의 상품평까지 줄줄이 붙어 있다. 그만큼 한국에는 '훈육으로서의 체벌'에 대한 뿌리가 깊다.

전문가들은 "체벌에 대해 관대한 문화가 있고, 이런 문화가 폭력을 자연스럽게 만든다"라는 점을 지적했다. 아이에 대한 체벌이 사회적 폭력의 기원이 된다는 지적이었다. 사랑샘재단에서 아동폭력을 전담하는 신수경 변호사는 "훈육과 체벌의 경계가 어디냐를 논의하는 것 자체가 아동학대를 하는 부모들의 논리를 정당화할 수 있다"라고 강조했다. "훈육과 체벌을 가르는 경계는 없다"라고 신 변호사는 단언했다.

훈육과 체벌의 경계를 부모 스스로 구분할 수 있다는 오만이야말로, 자칫 학대의 길로 빠질 수 있는 출발점은 아닐지, 부모들 스스로 돌아볼 필요가 있다.

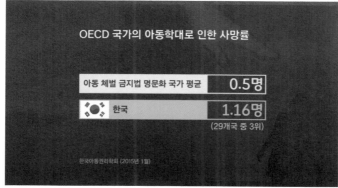

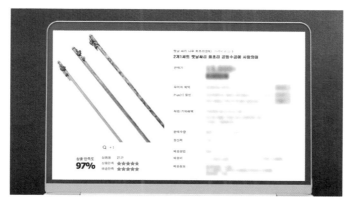

군 입대 경쟁률이
취업난만큼 높다고?

군대 입대하기가
바늘구멍을 통과하기보다 어렵다고 한다.

군대에 가기 위해 지원을 해도
몇 달은 기본이고
1년 이상 기다리는 경우가 태반이다.

특기병의 경우 말할 것도 없고
일반병까지 합쳐도 경쟁률이 7대 1을 뛰어넘는다.

그러니 입대하기가
대학 들어가기보다 더 어렵다는 말,
취업하기보다 더 어렵다는 말까지 나온다.

불과 몇 년 전만 해도
병역 자원이 부족해 비상이라는 말이 나왔는데
갑자기 무슨 일이 벌어진 걸까.

입시난에 취업난, 이제는 입대난까지 겪게 된
대한민국 청년들의 슬픈 자화상이다.

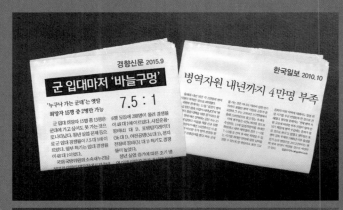

경향신문 2015.9

군 입대마저 '바늘구멍'

7.5 : 1

'누구나 가는 군대'는 옛말
희망자 15명 중 2명만 가능

군 입대 희망자 15명 중 13명은
군대에 가고 싶어도 못 가는 것으
로 나타났다. 청년 실업 문제로 되
로 군 입대 경쟁률이 7.5 대 1에 이
르렀다. 일부 특기는 입대 경쟁
이 50대 1이었다.

국회 국방위원회 소속 새누리당

6명 모집에 288명이 몰려 경쟁률
이 48 대 1에 이르렀다. 사진운용
정비(4) 대 D, 포병탄약렌더이다
(36 대 1), 야전공병(04 대 1), 전자
전장비 정비(31 대 1) 특기도 경쟁
률이 높았다.

청년 실업 증가에 따른 조기 병

한국일보 2010.10

병역자원 내년까지 4만명 부족

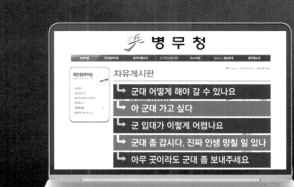

병 무 청

자유게시판

↳ 군대 어떻게 해야 갈 수 있나요

↳ 아 군대 가고 싶다

↳ 군 입대가 이렇게 어렵나요

↳ 군대 좀 갑시다. 진짜 인생 망칠 일 있나

↳ 아무 곳이라도 군대 좀 보내주세요

'병역 자원' 정말 부족한가?

자료화면

신인균 대표 자주국방네트워크

그런 상태로 가거든요? 지금 현재 복무 기간을 줄인다든지 그렇게 되면,
나중에 치명적인 안보 공백이 올 수가 있고요.

2010년 6월 〈한국일보〉에 '병역 자원 내년까지 4만 명 부족'이란 기사가 실렸다. 국방부에서 중장기 병역 수급 현황을 발표했는데, 매년 제대하는 병력 수에 비해 입영 대상이 되는 젊은이들의 수가 줄고 있어 대책을 마련 중이란 내용이었다.

그런데 불과 5년 후 2015년 9월 〈경향신문〉에는 '군 입대마저 바늘구멍'이라는 기사가 났다. '누구나 가는 군대'는 옛말이며 입대 희망자 15명 중 2명만 입대가 가능하다는 이야기였다. 매해 필요한 병력 자원 수는 어차피 정해져 있을 텐데 불과 몇 년 사이에 무슨 변화가 있었던 것일까? 한국 군대는 지금 병력이 부족한 것일까, 넘치는 것일까? 여러 의문들이 쏟아져 나왔다.

_____**"군대에 가고 싶어요"**

군대를 가고 싶어 하는 사람이 넘친다는 것은 좀처럼 납득하기 힘든 이야기지만 병무청 홈페이지를 들어가 보면 실제 그랬다. '군대 어떻게 해야 갈 수 있나요' '아~ 군대 가고 싶다'라는 '하소연형'부터 '군 입대가 이렇게 어렵나요.' '군대 좀 갑시다. 진짜 인생 망칠 일 있나'라는 '원망형', '아무 곳이라도 군대 좀 보내주세요'라는 '막무가내형'까지 다양한 사연들이 게시판을 채우고 있다.

실제 2015년 7월까지 입대를 지원한 사람은 모두 63만 명. 그러나 실제 뽑겠다는 인원은 8만여 명에 불과해 경쟁률이 무려 7.5대 1이나 됐다. 특기병의 경우는 더 경쟁이 치열하다. 음향장비 운용·정비 특기병 경쟁률은 48대 1, 사진 운용·정비 특기는 41대 1, 포병 탐지레이더 특기는 36대 1이나 됐다.

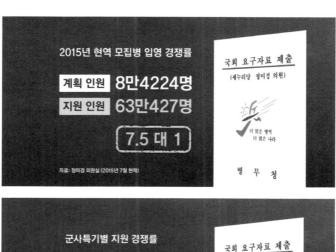

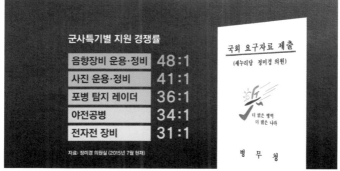

음향장비 운용병은 적 포병의 위치를 발견하기 위한 음향 관측 장비를 다루는 보직이다. 사진병은 실제로 부대 내의 여러 행사 사진을 찍는 일인데, 상대적으로 근무환경이 좋은 상급부대에서 일할 가능성이 높고 또 전공을 살릴 수도 있어 지망자가 많았다. 그런데 무엇보다 특기병에 지원자가 몰리는 이유는 합격하는 대로 군대에 빨리 갈 수 있기 때문이었다.

_____취업난과 정비례하는 입대 지원율

그동안 국방개혁 기본계획에 따라 병력을 계속 줄이는 작업이 진행돼 왔다. 2005년 기준으로 68만 명이던 육·해·공 총병력을 2020년까지 50만 명 수준으로 감축한다는 계획이다. 그래서 매해 뽑는 병력도 줄이고 있었는데, 군대 갈 대상이 되는 병역 자원은 1990년생부터 1995년생까지 계속 늘어나는 추세다.

그러다 보니 가만히 있으면 입대 일자가 계속 밀릴 수밖에 없는 상황이된 것이다. 하지만 1, 2년쯤 늦게 가도 상관없을 것 같은데, 이렇게까지 필사적으로 군대를 빨리 가려는 이유는 뭘까. 캠퍼스로 나가 대학생들에게 직접 물어보니 이런 대답이 돌아왔다.

"어차피 가야 할 거라면 빨리 갔다 오는 게 그 다음 미래 계획을 세울 때도 편하니까요."

"인턴십 같은 것도 군필자만 받는 그런 경우가 많고, 대외활동 같은 것도 군대를 갔다 오면 더 자유롭게 할 수 있으니까…."

결국 취업난이 가장 큰 이유였다. IMF 외환위기가 닥쳤던 1990년대 말에도 비슷한 상황이 펼쳐졌다. 1997년 12월 〈중앙일보〉에는 '유학생, 대학생들 IMF 입대'라는 기사가 실렸는데, 입대 희망자가 급증해 훈련소에 들어갈 때까지 최소 넉 달은 기다려야 한다는 내용이었다. 글로벌 금융위기 여파가 덮친 2008, 2009년에도 비슷한 맥락의 기사들이 지면에 실렸다. 취업난과 입대의 상관관계가 꽤 높은 셈이다.

그렇다면 5년 전 〈한국일보〉 기사에서 우려했던 우리 병력 자원 확보에는 전혀 문제가 없는 상황인 것일까? 그건 그렇지 않다. 지금이 단기적으로 이례적인 상황이기 때문이다. 지금 20대 초·중반의 청년들은 한국에서 베이비붐 세대, 그러니까 1950~60년대에 태어난 사람들의 자녀들이다. 이른바 에코세대(Echo-Boom Generation)들이 이제 군대 갈 나이가 된 건데, 부모 세대 숫자가 워낙 많다 보니 자녀 세대 인구도 반짝 많아진 것이다.

따라서 이들 세대가 군대를 다녀오고 나면 다시 병력 자원은 줄어들 수밖에 없다. 병무청에서 20세 남성의 숫자가 연도별로 어떻게 될지 따져본 자

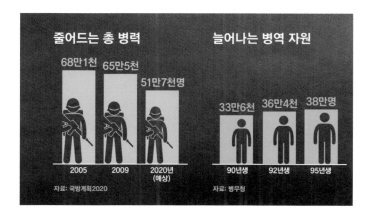

료를 보면, 2010년에는 34만 1000명 수준이던 게, 2012년에는 38만 2000명까지 증가했다. 하지만 이후 조금씩 감소 추세로 접어들어 2020년에는 33만 1000명까지 떨어진다. 그러니 지금 당장 병역 자원이 많아 보여도 일시적 현상이며 조만간 이런 상황도 바뀔 거라는 게 전문가들의 분석이다.

신인균 자주국방네트워크 대표는 "국방개혁 2020을 추진할 때 우리 군의 병력을 줄이는 시기와 우리 젊은이들의 인구 변화를 잘못 계산한 측면이 있다"라고 지적했다. 이 때문에 지금과 같은 혼란을 초래했다는 것이다. 하지만 "이는 일시적인 문제이며 지금 당장 복무 기간을 줄이는 등의 조치를 취했다가는 나중에 치명적인 안보 공백이 올 수도 있다"라고 경고했다.

장기적으로 보면 5년 전 보도대로 병역 자원은 모자란 상황인 게 맞다. 그러므로 지금 섣부른 처방을 내려선 안 된다. 하지만 어쨌든 이렇게 가고 싶어도 군대를 가지 못해 발생하는 고통은 오롯이 지금 세대 청년들의 몫이다. 일단 군에서는 원래 계획했던 것보다 더 많은 인원을 뽑고, 현역병 기준을 조

 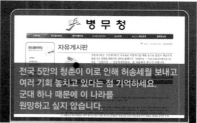

정해 보충역으로 유도하는 방안 등을 제시했다. 그러나 현재의 적체 상황을 해소하기에는 충분치 않아 보인다.

입시난에 취업난, 입대난까지 겪고 있는 대한민국의 청년들. 그 고통을 미리 막을 수는 없었던 건지, 그리고 지금 그 고통을 제대로 헤아리고는 있는 건지, 병무청 게시판에 올라와 있는 글 하나가 씁쓸함을 남긴다.

"군대를 몇 번 떨어졌는지 기억도 안 난다. 군대 가려고 필요 없는 자격증 따고, 내 생년월일조차 원망한다. 전국 5만의 청춘이 이 문제로 인해 허송세월, 기회를 놓치고 있다는 점 기억해달라."

발전하는 인공지능,
위협인가 축복인가

알파고(AlphaGo).
구글에서 개발한 컴퓨터 바둑 인공지능 프로그램.
프로기사를 최초로 이긴 바둑 프로그램이기도 하다.

바둑은 경우의 수가 너무 많아서
인공지능이 인간을 이기는 게
쉽지 않을 것이라고 전망됐던 분야였다.

하지만 2016년 3월
세계 최고수 중 한 명인 한국 이세돌 9단과의 대국에서
알파고는 4승 1패라는 압도적인 승리를 거뒀다.

이 사건을 계기로 전 세계적으로
인공지능에 대한 관심이 높아지면서
인공지능이 인간의 자리를 빼앗지 않을까
우려하는 목소리도 커졌다.

인공지능, 인류에게 위협인가 축복인가?

THE FUTURE OF EMPLOYMENT: HOW
SUSCEPTIBLE ARE JOBS TO
COMPUTERISATION?*

Carl Benedikt Frey[1] and Michael A. Osborne[2]

September 17, 2013

우리의 직업을 얼마나
컴퓨터에 내줄 것인가?

wages and educational attainment. According to our estimates, about 47 percent of total US employment is at risk. We further provide evidence that wages and educational attainment exhibit a strong negative relationship with an occupation's probability of computerisation.

Keywords: Occupational Choice, Technological Change, Wage Inequality, Employment, Skill Demand

JEL Classification: E24, J24, J31, J62, O33.

*We thank the Oxford University Engineering Sciences Department and the Oxford Martin Programme on the Impacts of Future Technology for hosting the "Machines and Employment" Workshop. We are indebted to Stuart Armstrong, Nick Bostrom, Eris Chinellato, Mark Cummins, Daniel Dewey, David Dorn, Alex Flint, Claudia Goldin, John Muellbauer, Vincent Mueller, Paul Newman, Seán Ó hÉigeartaigh, Anders Sandberg, Murray Shanahan, and Keith Woolcock for their excellent suggestions.

조치훈 9단

"바둑에서 컴퓨터에게 지게
될 때, 그 때가 인간이
끝나는 날"

스티븐 호킹 박사

"인공지능(AI)이 인류의 멸망을
가져올 수 있다"

Google DeepMind Challenge Match 4국

LEE SEDOL 00:01:00

이세돌 0 VS 3 알파고

ALPHAGO 00:48:12

참고도 이원도 홍민표 김여원

'우리의 직업을 컴퓨터에게 얼마나 내주게 될 것인가'

2013년 영국 옥스퍼드대에서 나온 보고서 제목이다. 미국에 있는 702개 직업을 대상으로 조사한 결과는 놀라웠다. 인공지능(AI)의 발달로 인해, 앞으로 20년 안에 거의 절반에 가까운 47%의 직업이 사라질 것으로 전망된 것이다. 텔레마케터, 시계수선공, 택시기사, 회계사와 같은 직업들이 사라질 확률이 높은 직업군으로 꼽혔다. 인공지능에 대한 인간의 공포가 점점 구체화되고 있는 셈이다.

특히 바둑에서 이세돌 9단이 패배하면서 막연했던 두려움은 실체를 얻어가고 있다. 조만간 인간을 뛰어넘는 인공지능이 나오는 것 아니냐는 우려가 나오기도 했다.

몇 년 전까지만 해도 인간 수준의 인공지능 개발에 대해선 회의적인 전망이 주류였다. 현재 개발돼 있는 슈퍼컴퓨터는 수천 개의 뉴런 정보를 파악하고 동작시킬 수 있는 수준인데, 인간의 뇌에는 무려 1000억 개의 뉴런과 신경세포가 분포되어 있다. 때문에 인공지능으로 인간의 두뇌활동을 완벽히 구현하는 것은 불가능하고, 된다 하더라도 가까운 미래에는 힘들다는 게 전문가들의 공통된 의견이었다.

실제로 인간이 뉴런의 완전한 구조를 파악한 유일한 생물은 예쁜꼬마선충(Caenorhabditis elegans)이라는 선형동물뿐이다. 하지만 예쁜꼬마선충은 불과 수백 개 정도의 뉴런으로 구성되어 있기 때문에, 인간의 뇌와 비교하는 것 자체가 어불성설이다.

카이스트 바이오뇌공학과 정재승 교수는 현재 과학 수준으로 인간의 뇌가 어떻게 의식을 갖고 감정과 판단을 하는지도 전혀 밝혀지지 않았다는 점을 먼저 지적했다. 인간 자신의 뇌에 대해서도 제대로 파악이 안 되고 있는데, 컴퓨터에 뇌 활동에 대한 정보를 넣어주는 것은 어렵다는 것이다. 그렇다고 인간이 아닌 전혀 새로운 방식으로 '지능'을 주려고 해도, 어떤 방식으로 그게 가능할지 아이디어를 낼 수가 없다.

_____2045년, 인공지능은 인간의 지능을 앞지를 수 있을까?

미국의 컴퓨터 과학자 레이 커즈와일은 2045년을 기점으로 인공지능이 인간의 지능을 앞지를 것으로 예측했다. 하지만 정재승 교수는 "2045년이 무슨 근거가 있는 숫자가 아니고, 맞는지 틀리는지 검증조차 어렵다"라고 단언했다. 알 수 없기 때문에 예측할 수 없다는 게 정 교수의 설명이었다.

인공지능의 수준이 인간의 뇌에 도달하는 것이 어렵다고 하더라도, 인간의 직업이 기계에 의해 대체될 가능성이 사라지는 것은 아니다. 안타깝게도 대부분의 연구자들이 그렇게 될 것이라고 보고 있다.

모라벡의 역설

인간에게 어려운 일이
로봇에게는 쉽고,

인간에게 쉬운 일이
로봇에게는 어렵다.

한스 모라벡 미국 카네기멜론대 교수

직업의 대체 가능성을 연구할 때 자주 활용되는 것은 로봇 과학자인 한스 모라벡이 제기한 '모라벡의 역설(Moravec's Paradox)'이다. "인간에게 어려운 일이 로봇에게는 쉽고, 인간에게 쉬운 일이 로봇에게는 어렵다"라는 게 역설의 내용이다. 예를 들어 복잡한 수식으로 구성된 계산을 인간은 쉽게 하지 못하지만 고도로 발달된 컴퓨터는 쉽게 해낸다. 반면 인간은 표정을 통해 상대의 기분을 쉽게 눈치 챌 수 있지만, 인공지능은 그러한 감정 활동을 이해하기 어렵다.

실제로 회계사(94%)나 경제학자(43%), 판사(40%) 같은 전문직들도 '모라벡의 역설'에 따라 사라질 확률이 높은 편이었던 반면, 레크리에이션 치료사, 건강 관련한 사회복지사같이 직접 얼굴을 맞대야 하는 직종은 쉽게 사라지지 않을 직업으로 예측됐다.

지금 현장에서는 많은 분야에서 기계에 의한 직업 대체가 일어나고 있다. 자동화 시스템을 도입한 공장뿐만이 아니다. 옥스퍼드 보고서에서 대체 확률 11%로 꼽혔던 기자도 대표적인 인공지능의 침탈 분야다.

20년 안에 사라질 가능성 얼마나 되나			
텔레마케터	99%	금융전문가	23%
시계수선공	99%	기자	11%
스포츠 심판	98%	정치학자	3.9%
회계사	94%	패션디자이너	2.1%
택시기사	89%	CEO	1.5%
프로그래머	48%	초등 교사	0.4%
경제학자	43%	사회복지사	0.3%
판사	40%	레크레이션 치료사	0.2%

자료: 옥스포드 마틴스쿨 (2013년)

스포츠 중계 기사나 증권 시황 등은 인공지능이 맡게 될 것이란 이야기가 진작부터 나왔고, 벌써 일부 언론사에서는 실험적으로 이를 도입하고 있다. 미국 LA타임스에서는 2014년부터 로봇이 쓴 지진 속보 기사를 온라인에 올리고 있는데, 정보 취합이나 속도, 완성도 면에서 나무랄 데가 없다는 평가를 받고 있다.

_____'기계의 역습', 인간의 역할은 어디까지

그렇다면 팩트체크도 기계에 의해 대체가 가능할까? 관련 분야를 연구하고 있는 서울대 언론정보학과 이준환 교수에 따르면, 로봇 저널리즘이 가장 먼저 구현될 수 있는 분야가 팩트체크라고 예상했다. 팩트체크라는 게 기본적으로 과거에 저장된 데이터를 통해서 현재의 현상을 검증하는 것이기 때문에 특정한 정보를 검색하고, 연결고리를 만들어내는 것이 바로 로봇 저널리즘의 영역이라는 것이다.

하지만 이 교수는 여전히 인간의 역할이 중요하게 작용할 수밖에 없는 한계 역시 지적했다. 로봇 저널리즘이 만들어낸 정보들의 연결고리들이 적절한 것인지, 그리고 그 팩트가 결론적으로 진실인지 아닌지는 로봇의 알고리즘에만 맡길 수 없다는 것이다. 결국 최종 판단은 인간에게 달려 있다는 얘기다.

이처럼 많은 연구와 언론 보도들이 '기계의 역습'을 우려하고 있지만, 인

공지능의 발달이 꼭 인간을 위협하기만 하는 것은 아니다. 인간이 발달시켜온 모든 기술이 그렇듯, 인공지능 역시 인간의 노동을 덜어주고, 인간의 활동을 더욱 편안하게 해주는 도구로서의 역할을 하게 될 확률이 더 높다.

_____인공지능의 첫 시험대, 자율주행 자동차

그 대표적인 예가 바로 '자율주행 자동차'다. 인간의 활동 범위와 활동 시간을 엄청나게 확대시켜온 자동차가, 이제 아예 자동화 운전의 영역으로 나아가고 있다. 주차를 보조하거나 차선 이탈을 경고하는 수준이 아니라, 아예 운전대가 필요 없을 정도의 수준에 이르렀다.

　미국 자율주행 자동차 산업을 선도하고 있는 구글은 2020년경 자율주행 자동차가 상용화될 것이라고 예측했으며, 전기전자기술자협회(IEEE)는 2040년경 전 세계 차량의 75%가 자율주행 자동차가 될 것이라고 전망했다.

　하지만 여기에도 주의해서 봐야 될 문제점이 있다. 인간이 직접 운전하지 않은 자동차가 사고를 냈을 경우, 어떻게 판단해야 할 것이냐는 점이다.

　구글에서 시험 중인 자율주행차가 처음으로 자기 과실로 사고를 냈다는 소식이 전해지면서, 이 문제가 다시 한 번 부각됐다. 현대차 제네시스 EQ가 도로에서 직접 자율주행 시험을 하고, 삼성전자와 KT까지 자율주행차 산업에 뛰어드는 등 한국 역시 개발이 활발하게 진행되고 있기 때문에 관심이 많을 수밖에 없었다.

　현재 국내에선 자동차에 부분적인 자율 기능만 적용되고 있는 상황이다. 차선을 따라 움직이게 하거나 자동 주차를 하는 정도인데, 이 과정에서 사고가 나면 기본적으로 운전자에게 책임을 묻게 된다. 운전자가 브레이크를 밟거나 핸들을 조작하는 등 사고 과정에 상당히 개입했기 때문이다.

그렇다면 아예 운전대도 없는 차를 타고 가다가 사고가 났다면 어떨까.

만약 현행법이 그대로 적용된다면 먼저 자동차손해배상보장법을 생각해볼 수 있다. '자동차를 운행하다가 다른 사람을 다치게 하면 배상할 책임을 진다'는 조항에 따라 차에 탄 차 주인에게 과실을 묻는다.

반면 제조물책임법에 따르면 책임 주체가 달라진다. 운전자가 아무것도 안 했는데 사고가 났다는 것은 결국 기계나 시스템에 하자가 있다는 이야기이기 때문에 제조사에게 책임을 물을 수 있다는 해석이 가능하다. 현행법대로라면, 사고가 났을 때 탑승자와 제조사가 서로 네 탓이라며 다투게 될 여지가 있다.

자율주행차가 사람을 쳐서 다치게 했을 때는 더 어렵다. 보통의 경우, 교통사고처리특례법에 따라 사람을 다치게 하면 형사처벌을 받게 돼 있다. 이는 '운전자의 주의 의무'를 전제로 한 것인데, 자율주행차에 탔을 때 탑승자

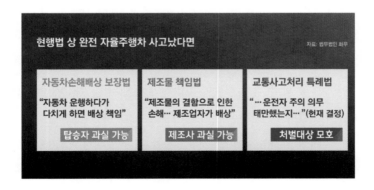

하칸 사무엘손 볼보 CEO

"자율주행차 사고는
모두 우리가 책임진다.
작은 실수도
용납하지 않을 것"

2015년 10월

가 주의를 기울였는지, 태만했는지 딱히 알 수 없다는 게 문제다. 탑승자를
처벌해야 할지, 제조사를 처벌해야 할지 모호해진다. 때문에 법률 전문가들
은 자율주행이 보편화될 때를 대비해서 완전히 새로운 법체계가 필요할 것
이라고 말한다.

이광욱 변호사는 "구글 사고 사례처럼 현재 기술로는 자율주행 운행 예
측 능력이 떨어져 사고가 날 경우엔 자동차 제조사가 궁극적으로는 책임을
질 것"이라고 예상했다. 회사가 완전 자율이라고 주장했는데, 탑승자가 전혀
개입하지 않았다면 책임을 탑승자에게 돌릴 수 없다는 것이다. 실제 볼보 같
은 자동차 회사에서는 자사의 자율주행차가 사고를 내면 볼보가 모두 책임지
겠다고 밝히기도 했고, 아우디나 BMW도 장기적으로 완전한 자율주행차가
나오면 회사가 책임질 수밖에 없을 것이란 입장을 밝힌 바 있다.

_____기계에 '도덕적 판단'이 개입할 수 있을까

법적·기술적 문제뿐 아니라 도덕적 문제도 고려해야 한다. 예를 들어 자율주행차를 타고 높은 속력으로 가고 있는데 앞에 갑자기 10명의 사람이 나타났다고 가정해 보자. 차를 멈추기엔 늦었고 운전대를 꺾어야 하는데, 그럴 경우 탑승자가 벽에 부딪혀 죽을 확률이 높다. 그렇다고 그대로 밀고 가자니 10명의 목숨이 위태롭다. 이런 상황에서 인간은 순간적으로 복잡한 판단을 내려서 행동하지만, 기계라면 결국 인간이 입력해준 대로 움직일 수밖에 없다. 어떤 명령을 입력시키는 것이 옳은 것인지, '도덕적 판단'이 개입하는 지점이다.

프랑스 툴루즈대에서 이런 딜레마를 연구했는데, 조사 대상의 75%가 운전대를 꺾어 탑승자만 희생시키겠다고 응답했다. 하지만 자신이 그 자율주행차를 타고 있는 탑승자라면, 그 상황을 기꺼이 받아들일 수 있을까? 내 차가 탑승자를 보호하지 않게 프로그램이 돼 있다면 사람들은 그 자율주행차를 사지 않게 될 수 있다. 당장 매출에 영향을 받게 되는 것이다. 이런 윤리적 문제도 자율주행차가 시급히 해결해야 할 숙제다.

물론 자율주행 시스템은 우려보다는 기대가 큰 분야다. 실제 도입이 이뤄졌을 때, 인간에게 또 다른 축복이 될 것이라고 전문가들은 예측한다. 영국의 자동차 연구기관 태참의 분석에 따르면, 자율주행차가 상용화될 경우 자동차 보험료는 2025년에 지금의 절반 이하, 2040년에는 80% 이하까지 낮아질 것이라고 한다. 그만큼 도로가 안전해진다는 이야기다. 자율주행차에는 정속 주행, 신호 준수가 프로그램되어 있을 테니 어쩌면 당연한 결과다.

그러나 인공지능이 대신하는 자율주행차와 관련된 법 규정, 윤리 규정에 대한 준비는 이제 겨우 시작 단계다. "자율주행차를 운행하다 사고가 났다면 누구 책임일까?"라는 질문에 "지금부터 새로 만들어가야 한다"라고 대답할 수밖에 없다.

자료: MIT 테크놀러지 리뷰

자료: MIT 테크놀러지 리뷰

"자율주행차가 상용화되면
2040년 쯤 자동차 보험료는
지금보다 80% 이상 낮아질 것"

영국 태참 (Thatcham)

폴리스라인,
그 자유의 경계는 어디까지인가

'모든 국민은 언론·출판의 자유와 집회·결사의 자유를 가진다.'
대한민국 헌법 제21조 1항이다.
민주공화국인 대한민국에서는 이처럼 집회와 시위의 자유가
가장 높은 가치인 헌법을 통해 보장된다.

그러나 이 자유는 사실
'타인의 불편'을 전제조건으로 하는 권리다.
누군가 집회를 벌이면 누군가 반드시 불편을 겪게 된다.
그렇다면 그 자유를 적정한 선에서 통제할 필요가 생긴다.

그 '적정한 선'의 상징이 바로 경찰의 폴리스라인이다.
집회나 시위에서 생길 수 있는 돌발상황에 대비하고
최소한의 질서를 유지하기 위한 저지선 말이다.

하지만 자유와 통제가 마주치는 폴리스라인은
그렇기 때문에 항상 논쟁의 중심에 선다.
시민은 어디까지 자유를 누리고,
경찰은 어디까지 그 자유를 제한할 수 있을까?

또 서방 선진국에서는
우리보다 훨씬 엄격하게 자유를 통제한다는
어떤 국회의원의 발언은 과연 사실일까?

"미국에서는 시위대가 폴리스라인을 벗어나면 그대로 패 버리지 않느냐. 그게 오히려 정당한 공권력으로 인정받는다."

"미국에서는 경찰이 총을 쏴서 시민이 죽은 10건 중 8~9건은 정당한 것으로 나온다. 이런 게 선진국의 공권력 아닌가."

시정에서 말싸움을 할 때도 쉽게 던지기 어려울 것 같은 이런 거친 발언이 집권 여당의 국회의원에게서 나왔다. 2015년 11월, 새누리당 이완영 의원의 발언이다. 당시 전국농민대회 시위 도중 경찰의 강경 진압행위로 집회 참가자였던 시민이 의식불명에 빠진 상황에서 이런 발언이 나왔다는 사실이 더욱 충격을 던졌다. '공권력이 행사하는 강력한 폭력을 인정하는 것이 오히려 선진국'이라는 이 의원의 발언, 과연 사실일까?

_____ 미국의 폴리스라인

미국 경찰이 집회 및 시위 현장에서 질서 유지를 위해 설정하는 폴리스라인

(질서 유지선)을 엄격하게 통제한다는 건 잘 알려진 사실이다. 실제로 이와 관련된 에피소드들이 자주 언론에 오르내리기도 한다.

2012년 미국 인권운동가들이 수단 대학살에 항의하기 위해 워싱턴 DC에서 시위를 했을 때, 영화배우 조지 클루니가 폴리스라인을 넘어서는 퍼포먼스를 벌였다. 경찰은 클루니를 향해 세 차례 경고한 뒤, 그래도 말을 듣지 않자 플라스틱 수갑을 채워 체포했다. 클루니는 경범죄로 100달러의 벌금을 내고 풀려났지만, 당시 이 장면을 포착한 사진은 전 세계로 전송되어 화제가 됐다.

2011년에는 워싱턴 DC 도심에서 시민단체와 연좌시위를 벌이던 구티에레즈 미 연방 하원이 체포되는 일이 있었다. 구티에레즈 의원이 폴리스라인을 넘었다가 체포당한 건 그때가 처음도 아니었다.

이런 모습들을 보면 미국 경찰이 지위 여하를 막론하고 폴리스라인을 엄격하게 통제하는 것은 확실해 보인다. 하지만 동시에 확인할 수 있는 건, 폴리스라인을 넘었다고 해서 이완영 의원 이야기처럼 '그대로 패 버리진' 않

왔다는 점이다.

집회 주도를 많이 하는 미국 노동조합 단체 워킹아메리카(Working Amer-ica)에 이메일을 보내 확인해보니, "정당방위 등 확실한 이유가 있을 때만 경찰이 과격한 진압을 한다. 무조건 폴리스라인을 넘는다고 무력 진압을 한다면 불법"이라는 답변이 돌아왔다.

실제 미국에는 각 주 경찰마다 시위 중 무력 진압에 대한 가이드라인이 설정되어 있다. 물론 한국에도 진압 지침이 있지만, 미국의 경우와 조금 다르다는 게 연구자들의 공통된 의견이었다. 미국에서 무력 진압을 할 수 있는 경우는 신체상 상해나 재산상 피해가 예상되는 경우, 증오범죄와 연관된 경우 등으로 제한하고 있고, 그래서 '추상적인 기준에 의존하고 있는 우리와 다르다'는 국내 연구자료도 확인할 수 있었다(《집회·시위에 대한 경찰대응 기준과 개선 방안》, 한국형사정책연구원).

또 하나 한국과 미국의 중요한 차이는 폴리스라인에 대한 개념이다. 2013년 워싱턴DC 경찰청의 스티븐 선드 경무관이 〈중앙일보〉와 한 인터뷰

를 보면 "워싱턴 DC에서 1년에 1000~1500건 정도 시위가 있지만 이 중 과격시위가 예상돼 폴리스라인을 설치하는 경우는 3~5%에 불과하다"라고 했다. 도심 집회가 예정되면 거의 대부분 폴리스라인을 설치하고, 때로는 차벽까지 미리 쌓아두는 한국과는 차이가 있는 것이다.

그렇다면 일각의 지적대로 미국은 상대적으로 평화적인 시위가 많고, 한국은 유독 폭력시위로 번지는 경우가 많기 때문에 이런 차이가 생기는 건 아닐까? '과잉진압과 과격시위 중 누구 잘못이 먼저냐'는 사실 쳇바퀴 도는 문제인데, 정확한 파악을 위해서는 양국의 시위 상황 자체를 비교해볼 필요가 있다.

미국의 경우에는 집회와 시위의 자유가 한국에 비해 더 폭넓게 인정된다. 시위 가능한 장소만 해도 차이가 큰데, 수도인 워싱턴 DC의 거리를 행진하는 것부터 백악관 앞에서의 집회까지 허용돼 있다. 하지만 한국의 경우 광화문부터 집회 자체가 차단돼 있고, 오히려 새누리당 김용남 의원처럼 "시위대가 청와대로 진입할 경우 발포할 수 있다"라고 생각하는 정치인도 있다. 집회시위에 대한 인식 차이가 상당한 셈이다.

_____총기 사용 진압, 어떻게 봐야 하나

양국 사이의 문화적·역사적 배경의 차이를 감안해야 한다는 지적도 있다. 서울대 언론정보학과 한규섭 교수는 미국에선 총기 소지가 가능하다는 점을 강조한다. 미국에선 경찰이 공격당했을 때 발포를 할 수 있다는 기본적인 인식이 있기 때문에 쉽게 폭력시위로 가기 어렵다는 이야기다. '바람직하다, 혹은 바람직하지 않다'는 문제를 넘어서는 본질적인 문제라고 한 교수는 분석했다.

우리의 경우엔 과거 권위주의 시절을 거치면서 생긴 공권력에 대한 부정적 인식이 영향을 미친다는 의견도 있었다. 경찰대 문경환 교수는 "국가의 강력한 집행력 자체에 대한 불신과 거부감이 형성된 측면이 있다"라고 지적했다. 역사적 경험의 차이가 집회문화의 차이를 만들었다는 분석이다.

그렇다면 경찰의 총기 사용 진압에 대해 미국 시민들이 정당하게 본다고 한 이완영 의원의 말은 사실일까? 이 역시 신중하게 접근해야 할 문제다. 미국 경찰의 총기 사용, 과잉진압 문제는 미국 내에서도 뜨거운 논란거리이다.

〈가디언〉 미국판이 보도한 내용을 보면, 2015년 11월 오클랜드에서 경찰이 한 남성을 사살함으로써 2015년 한 해 동안 경찰 손에 목숨을 잃은 민간인이 1000명을 넘어섰다. 매일 3.1명이 경찰에게 죽은 셈인데, 이 중 20%는 아무 무기를 들고 있지 않은 상황에서 총에 맞았다.

미국 경찰의 이러한 과잉진압과 총기 사용에 대해선 의회 차원의 문제제기가 꾸준히 있어왔고, 오바마 대통령 역시 '21세기 경찰개혁위원회'라는 태스크포스 팀을 만들어 관련 대책 마련에 나서기도 했다. 이완영 의원의 말처럼 '경찰이 총 쏴 죽인 10건 중 9건을 정당하게 보는 사회 분위기'는 아닌 것이다.

'언론이 과잉진압만 자꾸 부각한다'는 정치권의 항변 역시 별다른 근거가 없는 주장이었다. 이 의원이 '선진국'으로 지목한 미국의 언론들은 꾸준히 경찰의 총기 진압 문제를 다루고 있다. '경찰이 여고생을 교실에서 내리꽂아 체포했다', '경찰이 휠체어 탄 장애인을 쏴 죽였다', '비무장으로 도망가던 소

년에게 총을 쐈다', 이런 기사들을 꾸준히 내면서 경찰의 과잉대응을 미디어가 항상 감시하고 있다. 〈가디언〉 미국판의 경우엔 경찰의 폭력으로 숨진 이들에 대한 통계와 분석을 그래픽 뉴스로 상시 보도하고 있기도 하다.

"선진국은 우리와 다르다"라는 말이 때로는 한국 사회를 반성하고 돌아보는 계기를 제공하기도 한다. 하지만 정확히 확인되지 않은 어림짐작을 자신의 주장을 뒷받침하는 근거로 자꾸 끌어오는 태도는 위험하다. 이런 식의 오해와 왜곡은 건전한 토론을 가로막을 뿐만 아니라, 여전히 개선해야 할 점이 많은 한국의 집회·시위 문화를 바꾸는 데에도 방해만 될 뿐이다.

노조와 쇠파이프만 없었다면
국민소득 3만 달러 넘었을까

경제협력개발기구(OECD) 가입,
주요 20개국(G20) 정상회의 참석,
국제금융기관의 선진국 지수 편입,
1인당 국민소득 3만 달러 이상.
보통 선진국을 분류할 때 거론되는 기준들이다.

1960년대
1인당 국민소득이 100달러도 되지 않았지만,
40여 년 만에 2만 달러를 넘어선 한국.

엄청난 속도로 후진국, 중진국 단계를
뛰어넘으면서
유독 선진국 진입을 더 갈망하는 모습인데
그런 와중에 나온 정치권의 발언.

"불법 파업에 공권력이 제대로 대응 못해
1인당 국민소득 2만 달러대에서 머물렀다.
그런 일 없었으면 3만 달러 넘어갔다."

3만 달러 시대에 못 들어선 것은
정말 불법 파업 일삼은 노동자들 탓일까?
공권력이 제대로 대응했으면
우리는 3만 달러 시대 선진국이 됐을까?

김무성 새누리당 대표

"공권력이 노조의 불법파업에
제대로 대응하지 못해
우리나라가 2만달러에서
10년 고생했다.
그런 일 없었다면
3만달러 넘어갔다"

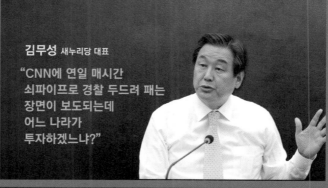

김무성 새누리당 대표

"CNN에 연일 매시간
쇠파이프로 경찰 두드려 패는
장면이 보도되는데
어느 나라가
투자하겠느냐?"

2015년 9월 국회 교섭단체 대표연설을 마친 김무성 새누리당 대표가 기자들과 만난 자리에서 작심한 듯 강한 어조로 말을 꺼냈다.

> "불법 파업에 공권력이 투입되면 (노동자들이) 쇠파이프로 두드려 패지 않았습니까? 공권력이 그들에 대해서 제대로 대응하지 못했기 때문에 우리나라가 (1인당 국민소득) 2만 달러대에서 10년을 고생하고 있는 겁니다. 만약 그런 일이 없었다면 우리는 3만 달러 넘어갔습니다. CNN에 연일 매시간 쇠파이프로 경찰 두드려 패는 장면이 보도되는데 어느 나라가 투자하겠습니까?"

노동개혁에 있어서 대기업 노조 문제가 심각하다고 지적하는 과정에서 나온 이야기였다. 불법 파업에 공권력이 제대로 대응했으면 1인당 국민소득•(GDP)이 이미 3만 달러를 돌파했을 것인지, 지금 외신에 쇠파이프로 경찰 두드려 패는 장면이 나오고 있어 외국 자본의 국내 투자가 부진한 것인지,

---

• 1인당 국민소득은 국내총생산(GDP)이나 국민총소득(GNI)을 기준으로 하는데, 발언의 맥락이나 다른 국가와 비교를 위해 여기서는 1인당 GDP로 통일했다.

두 가지에 초점을 맞춰 팩트체크를 진행했다.

_____2만 달러에서 3만 달러까지 평균 10.3년

LG경제연구원이 2007년 낸 보고서에 따르면 1인당 GDP 3만 달러를 넘은 나라들이 2만 달러에서 1만 달러를 더 올리는 데 걸린 기간은 평균 10.3년이었다. 한국의 경우 1인당 GDP가 처음으로 2만 달러를 넘은 때가 2007년이

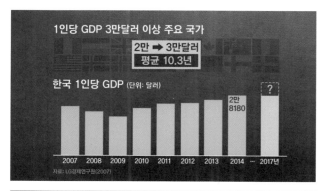

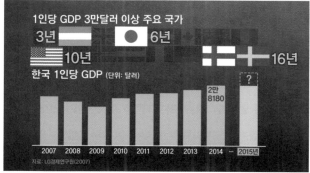

다. 국제적인 평균치가 우리에게도 적용된다면 3만 달러 돌파 시점을 2017년 이후로 예상해볼 수 있다. 2014년 말 현재 한국의 1인당 GDP는 2만 8000달러 정도. 그러니 지금 단계에서 '누구 때문에 3만 달러 시대가 못 오고 있다'고 탓하기에는 이른 측면이 있다.

물론 나라마다 경제 사정이 다를 수 있으니 더 빨리 간 곳도 있고 늦게 간 곳도 있을 것이다. 특히 한국의 경우 고도성장을 해왔으니 평균보다 더 빠르게 3만 달러 시대를 맞아야 하는 것 아니냐는 지적도 나올 수 있다. 실제 룩셈부르크의 경우 1인당 GDP가 2만 달러에서 3만 달러가 되는 데 3년밖에 안 걸렸고, 일본은 6년이 걸렸다. 그러나 룩셈부르크는 인구 54만 명의 세계 최고소득 국가다. 이런 비교에서 논외로 볼 수 있다. 일본의 경우 3만 달러 시대를 맞은 게 1980년대 말인데 당시는 엔고가 절정에 달했을 때다. 환율에 힘입어 1인당 GDP 수치를 끌어올리는 속도가 빨랐다는 분석이다. 반면 미국은 2만 달러에서 3만 달러로 가는 데 10년이 걸렸고, 핀란드와 스웨덴은 각각 16년이 걸렸다. 오히려 나라 사정에 따라 10년 이상이 걸린 곳도 많았던 것이다.

그렇다면 나라마다 이런 속도를 결정하는 요인은 무엇일까. 연구를 진행한 LG경제연구원 이근태 수석연구위원은 다음과 같이 분석했다.

"2만 달러니, 3만 달러니 하는 수치는 사실은 환율 변동에 따라서 크게 바뀌는 것이다. 한국의 경우 글로벌 외환위기를 맞으면서 1인당 GDP 3만 달러 달성 시점이 좀 늦어진 것 같고, 금융위기 이후에 우리 성장 활력 자체도 한 단계 떨어지면서 3만 달러 달성을 더 어렵게 하는 흐름으로 작용했다."

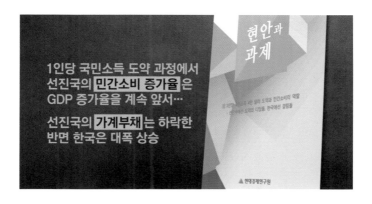

그러니까 노조 문제라기보다는 환율과 성장 동력 부분을 강조한 것이다. 현대경제연구원에서도 2015년 〈1인당 국민소득 4만 달러 도약과 민간 소비의 역할〉이라는 보고서를 냈는데, 3만 달러 시대를 달성한 선진국들의 사례를 보면 그 시기에 민간 소비가 증가하고 가계부채도 감소했다는 공통점을 가지고 있었다. 하지만 2015년 현재 한국 경제는 오히려 민간 소비가 줄고 가계부채 규모도 신기록을 경신하고 있다. 역시 3만 달러 시대를 가로막는 장애물로 노조 불법파업보다는 다른 요인을 꼽고 있는 것이다.

_____ **한국의 선진국 진입 가로막는 요인 1위는 국회와 정치권**

두 번째 짚어볼 것은 'CNN에 연일 쇠파이프로 경찰 때리는 장면이 보도되는데 어느 나라가 투자를 하겠느냐'는 부분이다. 실제 CNN에서 그런 장면이 최근 보도된 게 있었는지 홈페이지와 구글을 통해 검색해봤지만 2009년 7월 쌍용차 사태 이후로는 찾을 수가 없었다. 검색상의 한계일 수도 있어 좀 더 확실히 하기 위해 CNN 미국 애틀랜타 본사에 있는 국제 뉴스소스 서비스 팀에 직접 문의를 했다. 국제 뉴스소스 서비스팀은 전 세계 미디어들이 CNN 이 보도한 화면을 구입하려고 할 때 해당 화면이 있는지 확인해주는 곳이다. 마침 JTBC가 CNN과 제휴관계에 있기 때문에 빠른 협조를 받을 수 있었다. '한국 노조가 공권력 상대로 폭력을 행사한 것과 관련된 보도 내역을 알아봐 달라'고 문의한 결과 쌍용차 사태 이후로는 '그런 방송을 한 기록을 찾을 수

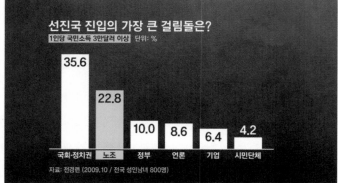

없다'는 답변이 돌아왔다. 물론 찾는 과정에서 누락된 게 있을 가능성도 배제할 수 없다. 하지만 최소한 앞서의 이야기대로 '연일 방송되는 수준'이 아니라는 점은 분명했다.

김 대표는 강성 노조 문제가 대외적으로 나쁜 이미지를 줘 경제에 악영향을 미친다는 취지로 '쇠파이프' 발언을 했던 것으로 파악된다. 그렇다면 국내외에 있는 시장 참여자들은 한국 경제에 악영향을 주는 요소로 무엇을 생각하고 있을까? 2009년 전경련이 시민들을 상대로 '선진국 진입을 가로막는 요인이 무엇인지' 설문조사를 했다. 여기서 노조가 문제라는 응답이 22.8%로 2위를 차지했는데, 당시는 쌍용차 사태가 한창 심각한 사회적 문제였던 때다. 노조를 지목하는 응답이 많을 수 있는 상황이었던 것인데, 오히려 반전은 그 당시 1위는 국회와 정치권(35.6%), 3위는 정부(10%)였다는 점이다. 시간이 흘러 2013년 KOTRA에서 외국인을 대상으로 한국 투자 시 가장 우려하는 요인이 뭔지 설문조사를 실시했다. 외국인들은 사업 용이성이나 정부 규제 및 투명성, 정치적 안정성 등을 우선으로 꼽았다. 노사관계가 걱정된다는 답은 네 번째였다. 좀 더 자세히 물어보니 노사관계를 꼽은 응답에서도 근로자의 외국어 능력이나 해고 경직성, 임금 등이 우선 우려된다고 지적했고, 노조 관련 이슈는 그보다 뒤에 있었다. 그러니 외국인들이 투자를 꺼리는 이유가 최소한 '노조가 연일 쇠파이프로 경찰을 때리는 모습' 때문은 아니라는 점을 알 수 있다.

항상 '1인당 국민소득 3만 달러' 이야기가 나오는 것은 그게 한국에서는 선진국 진입 여부를 가르는 기준이 되곤 하기 때문이다. 앞서 전경련 설문조사에서도 '언제를 선진국 진입으로 생각하나' 물었는데, 실제 많은 응답자들

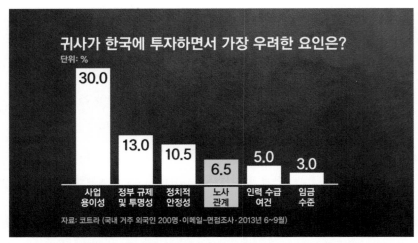

귀사가 한국에 투자하면서 가장 우려한 요인은?

단위: %

- 사업 용이성: 30.0
- 정부 규제 및 투명성: 13.0
- 정치적 안정성: 10.5
- 노사 관계: 6.5
- 인력 수급 여건: 5.0
- 임금 수준: 3.0

자료: 코트라 (국내 거주 외국인 200명·이메일-면접조사·2013년 6~9월)

프랜시스 후쿠야마 미 스탠퍼드대 교수

"신뢰 기반이 없는 나라는
사회적 비용이 늘어
선진국 문턱에서 좌절"

이 '1인당 GDP 3만 달러'를 그 기준으로 제시했다. 그런데 세계적 석학 프랜시스 후쿠야마는 "선진국과 다른 나라를 가르는 결정적 차이가 바로 '신뢰'라는 사회적 자본"이라고 이야기한 바 있다. "신뢰 기반이 없는 나라는 선진국 문턱에서 좌절하고 말 것"이라고도 했는데, 그러면서 대표적인 '저신뢰 국가'로 꼽은 게 바로 한국이었다.

한국 역시 어느 시점에 분명 1인당 GDP 3만 달러를 넘게 될 것이다. 하지만 '선진국 진입'이란 문제는 3만 달러라는 수치와는 무관하다는 점, 잘 새겨들어야 할 대목이다.

대통령의 '배신의 정치' 발언,
선거법 위반일까

배신의 정치.
진실한 사람.
무협지나 정치드라마에 어울릴 것 같은 단어가
2015년에서 2016년에 걸쳐 한국 정치권을 흔들었다.
이런 단어를 사용해 정치권을 겨냥한 당사자가
대통령이었기 때문에 그 파괴력은 강력했다.

"배신의 정치를 선거에서 심판해달라."
"국민들이 진실한 사람을 뽑아달라."
연거푸 이어진 박 대통령의 발언들은
2016년 4월의 총선거와 연계되면서
'선거법 위반' 논란을 불렀다.
선거에서 중립을 지켜야 할 대통령이
의무를 위반했다는 주장이 제기된 것이다.

역대 대통령들도 수시로 비슷한 논란에 휘말렸다.
2004년, 노무현 전 대통령은
국회에서 탄핵을 받기까지 했다.

그렇다면 박 대통령의 '배신의 정치' 발언도
선거법 위반일까?

"배신의 정치는 결국 패권주의와
줄 세우기 정치를 양산하는 것…"

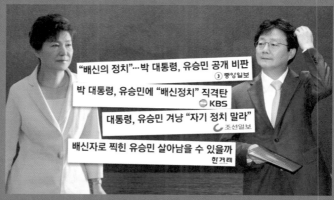

"배신의 정치"…박 대통령, 유승민 공개 비판
① 중앙일보

박 대통령, 유승민에 "배신정치" 직격탄
KBS

대통령, 유승민 겨냥 "자기 정치 말라"
조선일보

배신자로 찍힌 유승민 살아남을 수 있을까
한겨레

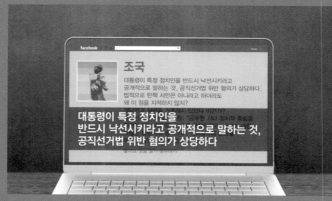

조국

대통령이 특정 정치인을 반드시 낙선시키라고
공개적으로 말하는 것, 공직선거법 위반 혐의가 상당하다.
법적으로 탄핵 사안은 아니라고 하더라도
왜 이 점을 지적하지 않지?

대통령이 특정 정치인을
반드시 낙선시키라고 공개적으로 말하는 것,
공직선거법 위반 혐의가 상당하다

2015년 7월, 대한민국 정치권에는 때 아닌 '배신의 정치' 심판론이 뒤덮었다. 무협지의 한 대목 같은 박근혜 대통령의 발언이 신호탄이 되었다.

"정치적으로 선거를 수단으로 삼아서 당선된 후에 신뢰를 어기는 배신의 정치는 결국 패권주의와 줄 세우기 정치를 양산하는 것으로, 반드시 선거에서 국민들께서 심판해주셔야 할 것입니다."

박 대통령이 국무회의에서 발언한 이 내용을 둘러싼 논란이 일파만파로 커지면서, 정치권은 대통령의 공직선거법 위반 여부를 놓고 격론을 벌였다. '누군가를 다음 선거에서 심판해달라'는 얘기가 대통령의 선거 중립 의무를 위반한 것 아니냐는 비판이 이어졌다.

_____국회법 개정안으로 불거진 '배신의 정치'

논란의 시작은 당시 국회와 청와대 사이에 핑퐁게임이 벌어졌던 국회법 개정안이었다. 국회가 만든 법률을 시행하기 위해 대통령이나 국무총리가 명령을 만드는데, 그 내용에 문제가 있어 국회가 지적하면 시행령을 수정하고 그 결과를 국회에 보고해야 한다는 내용이었다. 박 대통령은 여야가 협의해 마련한 국회법 개정안 내용이 행정부의 권한을 침해한다며 거부권을 행사했다. 그러면서 이런 개정안을 합의한 국회와 정부·여당, 그리고 여당 원내대표를 향해 '배신의 정치'라는 강력한 비판을 쏟아냈다.

구체적으로 보면, 결국 '배신'을 한 것은 여당이고, 그 중심 인물은 당시 여당 원내대표였던 유승민 의원이었기 때문에, 대부분 매체에서는 사실상 대통령이 대구 유권자들에게 다음 선거에서 유 원내대표의 낙선을 종용한 것으로 해석했다. 실제로 발언이 나온 이튿날 곧장 유 원내대표가 사과하기도 했다.

그러자 당시 제1야당이던 새정치민주연합 혁신위원인 조국 교수가 SNS를 통해 "특정 정치인을 낙선시키라고 공개적으로 말한 것은 법적으로 탄핵 사안까진 아니더라도 공직선거법 위반 혐의가 상당하다"라고 지적했다. 새정치민주연합 문재인 대표와 이종걸 원내대표도 같은 입장을 표명하

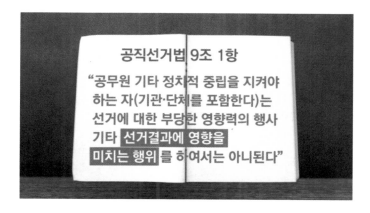

면서 공세에 나섰다.

논란의 근거가 되는 법 조항은 공직선거법 9조 1항이다. '공무원, 기타 정치적 중립을 지켜야 하는 자는 선거에 대한 부당한 영향력의 행사, 기타 선거 결과에 영향을 미치는 행위를 해서는 안 된다'라고 명시되어 있다. 긍정적이든 부정적이든, 또 대상이 누구든, 선거 결과에 영향을 미치는 행위는 안 된다는 게 해당 조항의 핵심이다.

노무현 전 대통령
"국민들이 총선에서
열린우리당을 압도적으로
지지해 줄 것으로 믿는다…
열린우리당이 표를 많이 받을 수
있다면 합법적인 범위 내에서
모든 것을 하고 싶다"
2004년 2월 24일 기자회견

朝鮮日報
盧대통령 탄핵가결·권한정지

문화일보
盧대통령 탄핵案 가결

세계일보
노무현대통령 권한정지

東亞日報
盧대통령 탄핵안 가결 권한정지

중앙일보
盧 직무정지   高총리 대행

이와 관련한 역대 사례들을 살펴보면 판단이 엇갈린 면이 있다.

가장 대표적인 게 2004년 노무현 대통령 탄핵 사태인데, 당시 노 대통령은 총선을 앞두고 열린우리당을 공개 지지하는 발언을 했다가 선거법 위반으로 고발되고 탄핵심판까지 받게 됐다. 문제가 된 기자회견 발언은 "국민들이 총선에서 열린우리당(당시 여당)을 압도적으로 지지해줄 것으로 믿는다", "열린우리당이 표를 많이 받을 수 있다면 합법적인 범위 내에서 모든 것을 하고 싶다"라는 내용이었다. 당시 야당이었던 한나라당과 민주당 등은 이 발언을 빌미로 노 대통령을 고발하고, 탄핵소추안을 국회에서 통과시켰다.

결과적으로, 탄핵소추안은 헌법재판소에서 기각됐지만 공직선거법 위반은 맞다는 결론이 나왔다. 헌재에서는 "선거에 임박한 시기에서 지위를 이용해 부당한 영향력을 행사하고 결과에 영향을 미치는 행위를 한 것이므로 중립 의무를 위반했다"라고 설명했다.

이후에도 고위 공직자의 선거 개입은 종종 문제가 됐다. 2014년 지방선거 때는 유정복 당시 안전행정부 장관이 인천시장에 출마하면서 박 대통령과의 면담 내용을 공개하면서 논란이 됐다.

"대통령께서 '능력 있는 사람이 돼야 한다. 잘되기를 바란다'고 말했다"라는 내용으로, 대통령이 유 전 장관에게 유리한 정치적 발언을 했다는 비판이 제기됐다. 하지만 선관위에서는 국무위원을 지낸 사람에게 개인적으로 한 의례적인 발언이라며 선거법 위반으로 볼 수 없다고 해석했다.

앞서 2008년 총선 때는 지방자치단체장이 국회의원 후보에게 한 발언이 문제가 됐다. 한나라당 김성식 후보가 오세훈 당시 서울시장이 자신을 지지하는 동영상을 보냈다면서 홍보 사이트 등에 올려 고발을 당했다. 하지만

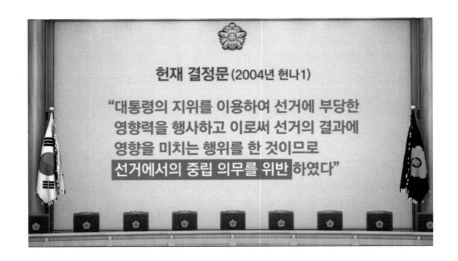

이 역시 덕담 수준의 메시지일 뿐이므로 선거운동으로 볼 수 없다는 결론이었다.

의사표현의 자유는 어디까지인가

이런 사례들을 종합해보면, 선관위 등 관련 기관들은 각각의 상황이나 발언 수위 등을 종합해서 판단한다는 걸 알 수 있다. 그렇다면 박 대통령의 '배신의 정치' 발언은 어떨까?

중앙선거관리위원회 담당자에게 문의한 결과, 공직선거법 위반으로 보기에는 부족하다는 답변이 돌아왔다. 박 대통령의 해당 발언은 의회 전체에 비판적인 견해를 밝힌 것으로, 국민에게 허용된 정치적 행위이자 의사 표현으로 볼 수 있다는 것이다. 우리 헌법은 누구에게든 정치적인 의사표현의 자유를 보장하고 있다.

선관위의 판단을 확인하려면, 당시 국무회의 발언을 세세히 뜯어볼 필요가 있다. 실제 문장을 보면 "여당의 원내사령탑도 정부·여당의 경제 살리기에 어떤 국회의 협조를 구했는지"라고 여당 원내대표의 잘못을 언급하는 듯하지만, 원내사령탑'도'라는 조사를 사용한 점이 포인트다. 비판의 대상을 여야 정치권 전반을 포괄하는 방식으로 잡은 걸로 보인다. 논란이 된 문장 역

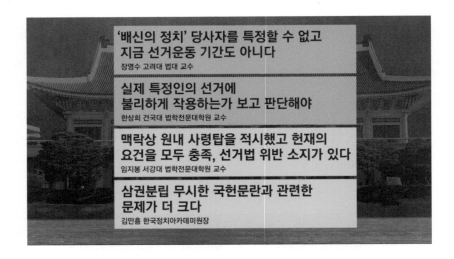

'배신의 정치' 당사자를 특정할 수 없고
지금 선거운동 기간도 아니다
장영수 고려대 법대 교수

실제 특정인의 선거에
불리하게 작용하는가 보고 판단해야
한상희 건국대 법학전문대학원 교수

맥락상 원내 사령탑을 적시했고 헌재의
요건을 모두 충족, 선거법 위반 소지가 있다
임지봉 서강대 법학전문대학원 교수

삼권분립 무시한 국헌문란과 관련한
문제가 더 크다
김만흠 한국정치아카데미원장

시 '배신의 정치'를 '선거를 통해 심판해달라'고 했기 때문에, 특정인인 유승민 원내대표가 아니라 '배신의 정치'라는 포괄적인 대상을 겨냥하고 있다. 그래서 선관위는 '전반적인 의회를 대상으로 비판적 견해를 밝힌 것'이라고 판단한 것이다.

워낙 논쟁적 사안이라 법·정치 전문가들도 의견이 엇갈렸다. 장영수 고려대 법학과 교수는 "배신의 정치 당사자가 특정되지 않았고, 선거운동 기간이 아니다"라는 의견을 밝혀 선거법 위반으로 볼 수 없다고 했다. 한상희 건국대 법학전문대학원 교수는 "그 발언이 실제 특정인에게 불리하게 작용하는가를 보고 판단해야 한다"라는 유보적 입장이었고, 임지봉 서강대 법학전문대학원 교수는 "맥락상 원내사령탑을 적시했고, 헌재가 선거법 위반 요건으로 제시했던 게 계획성, 능동성, 적극성을 모두 충족시켰기 때문에 선거법 위반 소지가 있다"라고 밝혔다. 반면 한국정치아카데미의 김만흠 원장은 "선거법 위반도 문제지만, 헌법에 적시된 삼권분립 원칙을 무시한 국헌 문란 문제가 더 크다"라며 문제의 소지가 심각하다고 우려했다.

선거 때마다 나오는 '선거 개입 논란'을 해소하려면 좀 더 근본적인 해결책이 필요하다는 의견도 많았다. 공직선거법의 선거 개입 관련 항목 자체가 모호하게 규정되어 있기 때문에, 선거 때마다 선관위의 해석을 물어야 결과를 알 수 있게 되어 있다는 것이다. 이렇게 되면 '일단 지르고 보자'는 식이 되거나, 정치적으로 중요하지 않은 발언들을 물고 늘어지는 등 악용될 여지가 많다는 게 국회 입법조사처의 지적은 귀담아 들을 만하다.

대통령의 정치 중립 문제는 매번 되풀이되는 논란인데, 기왕 이야기가 나왔을 때 잘 정리하고 가는 게 민주적 선거제도 정비의 출발점이 될 수도 있다.

✛ 10개월 후 실시된 20대 총선에서 유승민 후보는 새누리당 공천파동 끝에 무소속으로 출마, 75.74%의 득표율로 당선됐다. 긍정적이든 부정적이든 결과적으로 청와대는 유 의원의 선거에 상당한 영향을 미친 셈이 됐다.

2장

정치가 세상을
바꿀 수 있을까

필리버스터,
가능한 것과 그렇지 않은 것은

필리버스터.
의회에서 법안 등의 통과를 막기 위해
일부러 오랜 시간 동안 발언을 해
의사진행을 방해하는 것을 말한다.

김대중 전 대통령이 의원 시절
동료 의원의 구속을 막기 위해
5시간 19분 동안 연설을 한 게 1964년.

여당이 추진하는 테러방지법을 막기 위해
대한민국 국회에 52년 만에
필리버스터가 다시 등장했다.

2016년 2월 23일부터 3월 2일까지
192시간 27분 동안 이어진
야당 의원들의 연설, 그리고 또 연설.

헌정사에 유례가 없는 일이었던 만큼
필리버스터가 진행되는 동안
이러면 안 된다, 저런 건 된다,
제기됐던 많은 논란들.
모두 따져본다.

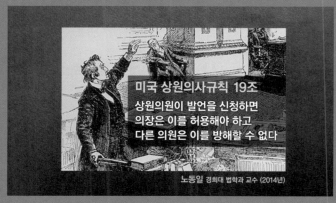

미국 상원의사규칙 19조
상원의원이 발언을 신청하면
의장은 이를 허용해야 하고
다른 의원은 이를 방해할 수 없다

노동일 경희대 법학과 교수 (2014년)

필리버스터(filibuster)는 16세기 해적선, 또는 약탈자를 뜻하는 스페인어다. 1854년 미국 상원에서 캔자스, 네브래스카주를 신설하는 내용의 법안을 막기 위해 반대파 의원들이 의사진행을 방해하면서 정치권에 이 용어가 등장했다. 한국에서 필리버스터가 처음 등장한 것은 1964년. 야당 초선의원이던 김대중 전 대통령이 동료 의원의 구속동의안 처리를 막기 위해 5시간 19분 동안 발언을 하면서다. 그러다 1973년 국회법이 바뀌면서 의원 발언시간을 최대 45분으로 제한해 필리버스터는 한동안 사라졌는데, 2012년 다시 이 법이 개정되면서 재적의원 3분의 1 이상의 요구로 특정 안건에 대해 무제한 토론을 할 수 있게 됐다. 그리고 2016년 2월 법 개정 후 첫 무제한 토론이 한국 국회에서 시작됐다.

_____미국 필리버스터에서는 성경책, 요리책도 읽는다는데

야당의 무제한 토론은 정부·여당이 추진하는 테러방지법을 겨냥한 것이었다. 어차피 3월 10일 임시국회가 끝나면 다음 임시국회에선 곧장 이 법을 처리하게 돼 있어, 처리 자체를 원천적으로 막을 수 있는 상황은 아니었다. 하지만 테러방지법이 가지고 있는 문제점을 국민들에게 알리는 계기가 됐다. 야당 의원들은 저마다 묵직한 자료를 준비해 토론에 나섰는데, 9시간, 10시간이 넘는 시간 동안 한 가지 주제로만 이야기를 풀어가기는 쉬운 일이 아니었다. 은수미 더불어민주당 의원의 경우 노동문제와 관련한 이슈를 언급하자 당장 홍철호 새누리당 의원이 "토론자가 테러방지법과 관련이 없는 이야기를 하고 있다. 제재를 가해야 한다"라고 항의했다. 또 권은희 의원이 국정원 댓글사건과 관련한 법원 판결문을 읽은 것, 강기정 의원이 '임을 위한 행진곡'을 부른 것 등을 두고도 여당 측에선 "의제와 상관이 없으니 그만하라"라는 이의 제기를 했다. 그런데 필리버스터 동안 꼭 주제와 상관있는 이야기만 해야 하는 걸까?

필리버스터의 원조 격이라 할 수 있는 미국에선 이런 논란이 없다. 오히려 테드 크루즈 상원의원은 2013년 9월 필리버스터 중 이런 발언을 하기도 했다.

"박스 안에서도 싫고 여우랑 먹기도 싫어요. 집에서도 싫고 쥐랑도 먹기 싫어요. 저는 여기서든 저기서든 먹지 않을 거예요. 어디서든 먹지 않을 거예요."

《녹색 달걀과 햄》이라는 동화책 구절인데, 이런 식으로 무려 21시간 19분 동안 토론을 이어나갔다. 당연히 의제와는 상관없는 내용이었다. 1957년에 24시간 필리버스터 기록을 세운 스트롬 서먼드 의원은 당시 성경책을 읽었고, 요리책을 꺼내 레시피를 읽은 의원도 있었다. 하지만 우리의 경우 국회법

102조에 '모든 발언은 의제를 벗어나선 안 된다'는 규정이 있다. 새누리당 소속인 정갑윤 부의장이 필리버스터가 진행되는 동안 "규정된 의제 외의 발언은 금해 달라"라고 강조했던 것도 이를 근거로 해서다.

그런데 의제와 관련이 있느냐를 없느냐를 누가 판단하느냐는 것도 관건이다. 그래서 더불어민주당 소속 이석현 부의장은 "그런 규정은 있지만 간접적으로 관련이 있는 내용도 발언 가능하다"고 해석했다. 워낙 긴 시간 토론이 진행되다 보니 국회의장과 부의장단이 교대로 의장석에 앉았는데, 당시 진행을 맡고 있는 사람이 누구냐에 따라 발언의 주제 관련 여부도 결정되는 셈이었다.

그렇다면 영 상관없는 이야기를 계속하고 있다는 판단이 들었을 때 의장이 발언을 중지시키고 내쫓을 수 있느냐는 의문도 나온다. 국회법 145조상으로 '의장은 회의의 질서 유지를 위해 의원 발언을 금지시키거나 퇴장시킬 순 있다'고 돼 있다. 하지만 이는 물리적 충돌, 심한 모욕을 했을 때 얘기지,

정갑윤 국회부의장
국회법 102조에 규정된 의제 외
발언 금지 원칙을
꼭 지켜주시기 바랍니다

이석현 국회부의장
그런 규정이 있지만 의제와
간접적 관련성이 있는 부분까지
(발언할 수 있다고) 확대해 생각해야

의제와 상관없는 발언 정도로 적용할 순 없다는 게 법 전문가들 의견이다. 그러니 의장이 꾸준히 발언을 중단하라고 요청할 수 있을 뿐 물리력까지 행사할 수는 없는 것이다.

_____한국식 필리버스터 규정, 관례로 만들어지는 것

여기까지 보면 필리버스터의 내용 규정 면에서 한국 국회가 미국 국회보다 더 까다로워 보인다. 하지만, 형식 면에서는 또 그렇지 않다. 서기호 의원이 토론자로 나서자 이석현 부의장은 "필요하면 본회의장에 딸린 부속 화장실에 잠깐 다녀오라. 3분 이내로 다녀오면 좋겠다"라는 말을 했다. 서 의원은 "미리 준비를 완벽히 해 왔기 때문에 괜찮다"라며 사양했지만 미국 의회의 필리버스터 중에는 상상할 수 없는 일이다.

미국의 경우 필리버스터 중 연단을 벗어나면 발언이 끝난 것으로 간주한다. 따라서 절대 화장실도 다녀올 수 없고, 심지어 자리에 앉을 수도 없게 돼 있다. 그래서 최장 기록을 세운 서먼드 의원도 발언 전 사우나에서 땀을 쫙 빼고 옆에 소변 볼 양동이도 준비해 놨다. 필리버스터에 나섰던 다른 의원 가운데는 의료용 튜브를 사용해 소변을 빼낸 이도 있고 우주비행사용 용변대를 찬 의원도 있었다. 그런데 한국의 경우 이와 관련한 규정이 없다. 그러니 이 부의장 말대로 중간에 화장실을 다녀와도 사실은 문제가 없다고 볼 수 있는 셈이다.

이런 차이가 발생하게 된 것은 필리버스터의 등장 배경과 관련이 있다. 미국에서 필리버스터는 "이런 게 꼭 필요하겠다" 해서 의원들이 법 조항에 넣었던 것이 아니다. 18세기에 26명 의원들로 처음 미국 상원이 소집됐을 때, '상원 의사규칙'이라고 해서 의원이 발언을 신청하면 의장은 이를 허용해야 하고 다른 의원은 방해할 수 없도록 규정한 바 있다. 이후 마음에 들지 않는 법안이 상정됐을 때 표결로 막을 수 없던 소수파들이 이 조항의 허점을 파고 들었다. 발언을 신청해 연단에 올라 무제한 토론을 함으로써 표결을 저지했던 것이다. 이후 "민주주의의 기본인 다수결 원칙에 어긋난다"라는 등 여러 논란이 있었지만, 소수 의견을 보호해야 한다는 취지로 제도 자체는 유지가 됐다. 다만 연단을 벗어나지 못하게 하거나 앉지 못하게 하는 등의 제한은 이후 의회 관례로 정해졌다.

반면 한국은 필리버스터라는 제도를 중간에 새로 도입했기 때문에 이런 구체적인 규정이 정립되지 않았다. 따라서 지금 의원들이 하고 있는 것들이

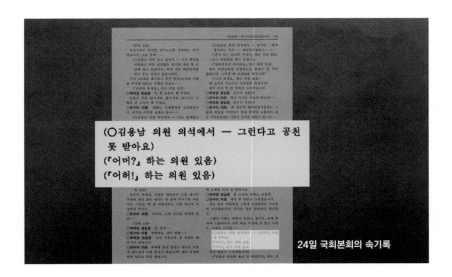

24일 국회본회의 속기록

쌓여서 새로운 한국식 필리버스터의 규정이 될 수 있는 것이다. 192시간 27분 동안 이어진 이번 무제한 토론은 국회 속기록에 모두 기록이 됐다.

의원석에서 나온 반응, 분위기까지 그대로 살아 있다. 핵심을 찌르는 토론으로 호평을 받은 의원도, 최장 기록을 세운 의원도, 의원석에서 비아냥댄 의원도 모두 한국식 필리버스터를 만드는 선례로 남겨진 것이다.

야당은 테러방지법에 대한 허위 사실을 유포했나

프랑스 파리에 이어 터키 이스탄불,
인도네시아 자카르타에까지 이어진
이슬람 급진 무장세력 IS의 테러.

한국 역시 IS가 지목한 테러 대상 60개국에
포함되면서 테러방지법 제정을 주장하는
정부와 여당의 목소리는 더 힘을 받았다.

테러를 막아 국민의 안전을 지켜야 한다는 데는
이견이 있을 수 없지만
국정원의 권한을 강화하겠다는 대목에서는
의견이 엇갈린다.

무제한 토론을 통해 나오는
야당 의원들의 문제 제기에 대해
여당에선 "허위사실 유포"라며
강하게 반발하는데 누구의 주장이 맞는 걸까?

테러를 막기 위해
정말 국정원에 더 많은 권한이 필요한 것일까?
더 많은 권한을 갖게 될 국정원은
정말 테러만 막을 것인가?

테러방지법이 아니라
'국민감시법' 입니다

당신의 휴대폰
무제한 감청을 허용합니다

국정원이 당신을 의심하기 시작한다면
가족, 친구, 연인과 나눈 모든 통화 내용을
국정원이 무제한 감청하게 됩니다.
통화 중에 정부 욕이라도 했다가는...

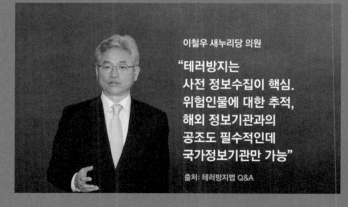

이철우 새누리당 의원

"테러방지는
사전 정보수집이 핵심.
위험인물에 대한 추적,
해외 정보기관과의
공조도 필수적인데
국가정보기관만 가능"

출처: 테러방지법 Q&A

192시간여의 필리버스터 동안 야당 의원들은 저마다 테러방지법의 문제점을 지적했다. 이 내용은 인터넷 방송을 통해 전 시간 중계됐고, 국민들이 테러방지법에 대해 관심을 갖는 계기가 됐다. 그러자 여당에서 발끈했다. 여당 의원도 형식상 반대 토론에 나설 수 있었고 실제 그러자는 논의도 나왔다. 하지만 그렇게 되면 회의 지연을 목적으로 하는 무제한 토론에 동조하는 셈이라 이러지도 저러지도 못하는 상황이었다. 결국 새누리당에서는 "야당 의원들이 이런 허위사실들을 너무나 많이 유포하고 있다"라며 "고발 조치하겠다"라고 맞섰다. 원유철 원내대표는 "야당 현역 의원들이 국민들 계좌, 카카오톡을 마음껏 들여다볼 거라는 황당한 이야기를 (무제한 토론을 통해) 하고 있다"라고 비판했다. 국정원 출신인 이철우 의원은 '테러방지법 관련 Q&A' 자료를 배포해 야당 의원 주장을 반박했다.

_____테러를 의심할 상당한 이유가 있는 자

테러방지법에서 가장 논란이 되는 것 중 하나는 '일반 국민도 통신 감청, 계좌

추적의 대상이 되느냐' 하는 부분이다. 그래서 더불어민주당에서는 '테러방지법이 아니라 국민감시법입니다'라는 제목으로 '당신의 휴대폰 무제한 감청이 허용된다'고 경고한 포스터를 내놓기도 했다.

일단 직권상정된 테러방지법안을 보면 '유엔이 지정한 테러단체 조직원이나 테러를 일으키려 한다고 의심할 상당한 이유가 있는 자'가 감청 대상이라고 밝히고 있다. 이에 따라 실제 대상이 될 사람들은 대부분 외국인이고 내

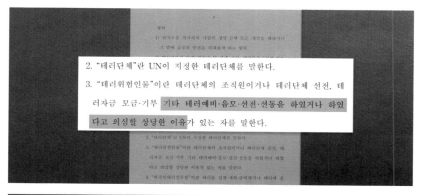

국인은 50명 정도밖에 안 될 거라는 게 여당 측 주장이다.

하지만 많은 전문가들은 뒷부분 '기타 테러예비, 음모, 선전, 선동을 하였거나 하였다고 의심할 상당한 이유가 있는 자'라는 부분에 초점을 맞춘다. 류권홍 원광대 법학전문대학원 교수는 "'의심할 상당한 이유가 있는 자'라고 하는데, '의심'도 불명확한 거고 '상당한 이유'라는 것도 너무나 자의적"이라면서 "테러방지법처럼 기본권을 침해할 수 있는 법률은 명확해야 하는데 지금 발의된 법안은 명확성의 원칙을 위반한 것"이라고 지적한다.

그러니까 '테러의 위험이 있는 사람'에 대한 해석에 따라 그 범위가 상당히 넓어질 수 있는데, 그 해석을 누가 하느냐도 중요한 문제다. 2015년 11월 광화문 민중 총궐기 당시 집권 여당의 중진들은 한목소리로 '테러'를 이야기했다. 정갑윤 국회부의장은 "폭동을 넘어 대한민국 향한 테러"라고 했고, 김무성 대표는 "도심 한복판에서 일어난 공권력에 대한 테러", 서청원 최고위원은 "충격적인 파리(IS) 테러와 국내의 불법 폭력시위"라고 비교했다. 자국민들의 집회에까지 테러방지법을 들이댈 수 있다는 우려가 나올 수 있는 대목이다.

_____과도한 도·감청 등 부작용으로 폐기된 미국 애국법

이와 함께 테러방지법이 국정원에 너무 많은 힘을 실어준다는 부분도 논란이다. 이에 대해 국정원 출신인 새누리당 이철우 의원은 "테러 방지를 위해선 사전 정보 수집이 핵심이고 해외 정보기관과 공조도 필수적인데, 이는 국가 정보기관만 할 수 있으며 국민안전처가 할 수 없다"라는 주장이다. 하지만

The New York Times 2003. 9
U.S uses Terror Law to Pursue Crimes From Drugs to Swindling.
미국이 마약, 사기 사건에도 애국자법을 이용.

Bloomberg Businessweek 2005. 11
The Patriot Act : Business Balks.
FBI가 애국자법 통과 이후 개인정보 사냥에 나서고 있다.

The Washington Post 2011. 9
Patriot Act used to fight more drug dealers than terrorists.
애국자법이 테러리스트 보다 마약상 잡는 데 더 쓰여.

에드워드 스노든

이 역시 근거가 희박하다. 미국의 경우 정보를 처리하는 업무에 있어서 기관 간의 역할이 분리돼 있다. 연방수사국(FBI)은 국내 정보 위주로, 중앙정보국(CIA)은 해외 정보 위주로 처리하는 식이다. 9·11 테러 이후 신설된 국토안보부의 경우 정보 처리에 있어 상당한 권한이 주어졌지만 이는 정보기관이 아닌 행정기관이다. 오동석 아주대 법학전문대학원 교수는 "국토안보부는 행정기관이라 예산 등이 다 공개되어 있는 반면, 우리 국정원은 예산을 알 수도 없고, 규모도 나타나지 않는다"라며 "통제가 안 되고 투명하지 않은 기관에 더 많은 권한을 집중시키는 것은 위험하다"라고 지적한다.

또 미국에서 9·11 테러 이후 애국법(Patriot Act)을 만들어 감청, 체포, 검열 등 대테러 관련 수사 권한을 강화한 바 있다. 하지만 이 권한이 테러와 상관없는 일반 범죄 수사에 이용되는 일이 많아지면서 주류 언론들의 비판이 끊이지 않고 쏟아졌다. 비즈니스워크는 'FBI가 애국법 통과 이후 개인정보 사냥에만 나서고 있다'는 경제계의 불만을 전했고, 〈워싱턴포스트〉는 '애국

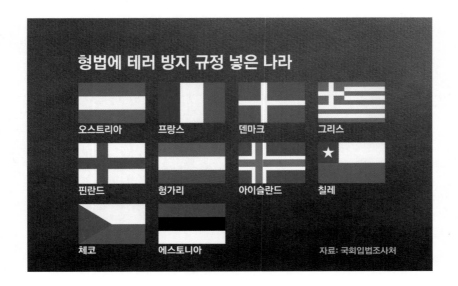

형법에 테러 방지 규정 넣은 나라

오스트리아 프랑스 덴마크 그리스
핀란드 헝가리 아이슬란드 칠레
체코 에스토니아

자료: 국회입법조사처

법이 테러스트보다 마약상 잡는 데 더 쓰이고 있다'고 보도했다. 그러다 결국 에드워드 스노든이 2013년 국가안보국(NSA)의 무차별 도·감청을 폭로하면서 비판 여론은 더 높아졌고, 2015년 6월 결국 애국법은 폐기됐고 다른 법으로 대체됐다.

"현재 주요국 중에 테러방지법 없는 나라는 4개국에 불과하다"라는 것도 테러방지법 제정을 촉구하는 여당의 논리 중 하나다. 하지만 이 역시 각국 입법 상황을 꼼꼼히 살펴볼 일이다. 오스트리아, 프랑스, 덴마크 등은 따로 법을 만든 게 아니라 기존 형법을 개정해 테러 방지 관련 조항을 넣은 것이고 스페인은 테러 대응을 정보기관이 아닌 경찰 조직에 맡기고 있다.

이처럼 테러 방지와 관련해선 나라별로 사정이 다르고, 미국처럼 상당한 부작용이 드러난 곳도 있다. '테러를 막는다'는 거부할 수 없는 명분과 취

사선택한 선진국 사례를 내세워 자신들이 원하는 내용만 법안에 구겨넣으려
한 것은 아닌지 면밀한 감시가 필요하다.

F   A   C   T   C   H   E   C   K

국회의원 불체포 특권은 지금도 필요한 제도인가

국회를 칭하는 별명 중 '방탄 국회'라는 말이 있다.
국회가 국회의원들의 방탄벽 역할을 해온 데 대한
조롱과 비판의 의미가 담겨 있다.

뇌물수수 같은 권력형 비리 혐의를 받는 동료 의원을 보호하기 위해
여야를 막론하고 각종 편법과 꼼수가 동원돼왔다.
무기명 투표에서 체포동의안을 부결시키기도 하고,
일부러 시간을 끌어 자동 폐기 시키기도 하고,
'회기 중에는 체포되지 않는다'는 법 조항을 이용해
임시국회를 연속으로 소집하는 행태도 보였다.
그 결과 19대 국회에서 제출된 체포동의안 10건 중
단 4건 만이 통과됐다.

때문에 매번 '국회 개혁' 논의가 나올 때마다
불체포 특권 폐지가 거론되지만
19대 국회에서도 결국 공염불로 끝나고 말았다.
비리의 방패막이로 전락한 국회의원 불체포 특권,
여전히 필요한 제도일까?

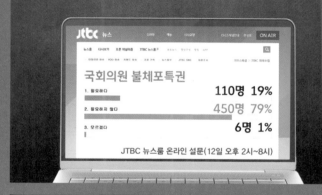

국회의원 불체포 특권은 헌법 제44조에 보장된 권리다. 국회의원은 현행범이 아닌 이상 회기 중에 국회의 동의 없이는 체포되지 않는다는 내용이다.

일반적으로 범죄 혐의자는 법적 절차에 따라 체포가 이뤄진다. 범죄 혐의가 발견돼서 체포나 구속이 필요할 경우, 검찰은 피의자에 대한 체포영장·구속영장을 요청한다. 법원에서 판사가 이 요청을 받아들여 영장을 발부하면 체포나 구속이 이뤄진다.

그런데 범죄 피의자가 국회의원이라면 이야기가 달라진다. 일단 체포동의요구서를 정부에 제출해야 하고, 그러면 정부는 다시 국회의장에게 해당

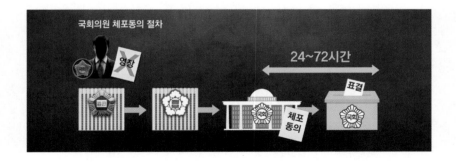

국회의원의 체포를 동의해 달라는 요청서를 보낸다. 행정부와 입법부의 권한이 엄밀하게 나뉘어 있기 때문에 '동의 절차'를 구하게 한 것이다. 그러면 국회의장이 본회의를 열어 국회의원들에게 '정부가 체포 요구를 보내왔다'고 보고한다. 이때부터 24시간 이후 72시간 이내에 의원들이 모여 동의할지 말지 표결해야 한다. 본회의에서 가결이 되면 경찰이 체포 절차에 들어가고, 부결되면 회기 중에는 체포가 불가능하다.

그런데 논란이 되는 부분 중 하나가 표결을 안 해서 그냥 72시간이 지나가버리게 만드는 경우다. 그렇게 되면 '체포동의안'은 자동 폐기가 되고 의원 체포도 불가능해 지는데, 이를 두고 '방탄 국회'라는 비판이 제기되는 것이다.

이런 식의 불체포 특권 남용에 대해서는 국민 여론이 당연히 부정적이다. 그러다 보니 국회의원들이 선거를 앞두고 쇄신과 '특권 내려놓기'를 이야기할 때마다 단골로 나오는 게 불체포 특권 이슈다. 실제로 2012년 대선 때 새누리당은 '공정한 국회 개혁을 하겠다'면서 의원들의 면책 특권을 제한하고 불체포 특권은 아예 폐지하겠다는 공약을 내놓기도 했다. 물론 공약은 지

영국의 헌정체계가 **의원내각제**로 이뤄져 있어 **행정권에 의한 의회의 독립성 침해 가능성이 희박.** 야당의 지위가 제도적 차원에서 안정적으로 보장.

이종수 연세대 행정학과 교수 (2013년)

켜지지 않았다.

하지만 실제로 이 공약이 '지켜져도 문제'라는 목소리도 있다. 필요한 제도이기 때문에 헌법에까지 명시를 해놓은 것인데, 이걸 무작정 폐기하는 건 정치 혐오에 편승한 '포퓰리즘'이라는 비판이다.

_____불체포 특권의 기원은?

이 문제를 정확히 판단하기 위해서는 불체포 특권이 어떻게 우리 헌법에 들어갔는지부터 살펴볼 필요가 있다. 제헌국회가 1948년 7월 17일 헌법을 제정할 때부터 국회의원의 불체포 특권이 포함됐고, 이 내용은 현재까지 거의 변하지 않고 있다. 우리 헌법의 기본정신이라 할 수 있는 셈이다.

민주주의 역사가 긴 서양의 경우를 보면, 불체포 특권의 기원은 훨씬 멀리 거슬러 올라간다. 1603년 영국 의회가 제임스 왕과 대립하던 시절, 함부로 의원들을 체포할 수 없도록 의회 특권법을 만들었던 게 기원으로 파악된다.

또 프랑스 혁명 당시 국민의회가 최초로 한 의결이 '의회 의원은 불체포 특권을 누린다'는 것이었다. 의원의 불체포 특권은 민주주의의 역사와 함께 한다고 봐도 좋을 만큼 중요한 제도였다.

취재과정에서 의견을 들어본 전문가들도 대부분 불체포 특권의 필요성을 강조했다.

한양대 법학전문대학원의 김정범 교수는 "불체포 특권은 삼권분립의 원칙상 입법부가 행정부를 감시하고 비판하는 기능을 제대로 하기 위해서 예외적으로 허용된 규정"이라고 설명했다. 그간 권위주의적인 정권에서는 정부에 대한 국회의원의 비판·감시 기능을 무력화하기 위해 체포와 구속을 하는 경우가 많았기 때문에, 행정부의 권력 남용을 방지하기 위해서 불체포 특권 제도가 인정되었다는 것이다.

우리뿐 아니라 대부분의 민주주의 국가에서는 의원의 불체포 특권을 유지하고 있다. 다만 아이러니하게도, 원산지라고 할 수 있는 영국에서는 불체

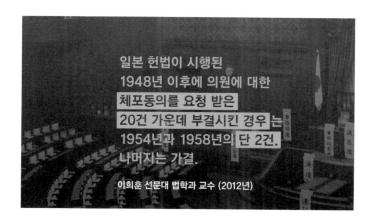

일본 헌법이 시행된 1948년 이후에 의원에 대한 체포동의를 요청 받은 20건 가운데 부결시킨 경우 는 1954년과 1958년의 단 2건. 나머지는 가결.
이희훈 선문대 법학과 교수 (2012년)

국회의원 체포동의 절차

24~72시간 → 자동 폐기 24건

표결 2/3 부결 13건

57건

포 특권이 사실상 사라진 상태다. 연세대 행정학과 이종수 교수의 연구에 따르면, 의원내각제라는 제도적 특수성이 그 사라진 배경임을 알 수 있다. 의원들이 직접 행정부 수장인 총리나 행정부 장관이 되는 구조이기 때문에, 행정부가 의회의 독립성을 침해할 가능성이 거의 없다. 야당의 지위가 제도적 차원에서 안정적으로 보장받는 것도 중요한 이유인 것이다.

우리와 비슷한 방식으로 불체포 특권을 규정하는 나라는 일본이다. 하지만 일본은 우리와 체포동의안 처리 방식에서 큰 차이가 있다. 1948년 이후 일본 정부가 의회에 20건의 체포동의안을 제출했는데, 1954년과 58년 단 2건을 제외하고는 모두 가결됐다. 문제가 있는 국회의원은 거의 대부분 체포가 이뤄지다 보니, 우리처럼 불체포 특권을 없애야 한다는 논란이 나오지 않는 것이다.

우리는 국회가 너무 두터운 방탄벽을 둘러치는 바람에 문제가 되고 있다. 제헌국회 이후 제출된 체포동의안이 총 57건인데, 13건은 부결됐고 24건은 처리 시한을 넘겨 자동 폐기됐다. 3분의 2가 국회 방탄벽을 뚫지 못했다.

행정부 권력의 남용을 막기 위해 불체포 특권을 만들었는데, 그걸 오히려 악용해 제도 자체에 대한 신뢰를 떨어뜨리고 있는 형국이다. "그래도 이건 민주주의를 위해서 필요한 장치다"라는 이야기가 힘을 받기 위해서는 정치권 스스로 '악습의 고리'를 과감히 끊어내는 용기가 필요하다.

한국은 일본군의
한반도 진입을 막을 수 있는가

2015년 9월 19일 새벽
일본 참의원 본회의에서 11개 법률 제·개정안이 가결됐다.
모두 안보 관련 법률들로 이 중에는 집단자위권을
행사할 수 있게 한 내용도 포함됐다.
이로써 일본은 2차대전 패전 70년 만에
평화체제에서 벗어나 직접 공격받지 않아도
사실상 전쟁을 할 수 있는 국가가 됐다.

미국은 환영의 뜻을 밝혔지만 한국과 중국 등 주변국들은
우려의 눈으로 쳐다볼 수밖에 없는 상황.

특히 한국의 가장 큰 관심은
일본군이 과연 한반도에 들어오는 상황이
벌어지겠느냐는 것.

어떤 목적, 이유에서든 일본의 한반도 진입은
청일전쟁, 러일전쟁의 악몽을 되새기게 한다.
일본군의 집단자위권 행사.
그들 말대로 정상국가를 향한 행보일까,
아니면 새로운 판도라의 상자가 열린 것일까?

헌법 제3조
"대한민국의 영토는
한반도와 그 부속도서로 한다"

대한민국의 유효한 지배가
미치는 범위는 휴전선 남쪽
이라는 일부의 지적도 있다

20일 한·일 국방장관회담

나카타니 겐
일본 방위상

한민구 국방부 장관

"북한은 헌법상 대한민국의
영토이기 때문에
일본 자위대가 북한 지역에
들어가려면 한국 정부의
동의가 필요하다"

'집단자위권'.

　자국과 밀접한 관계에 있는 국가가 공격당했을 때 자국에 대한 공격으로 간주하고 대신 반격할 수 있는 권리를 말한다. 일본 아베 정부는 이를 얻기 위해 여러 논란에도 불구하고 역대 정부의 헌법 해석까지 바꿨다. 야당은 줄곧 반대 입장이었지만 집권 자민당과 연립 여당인 공명당이 중심이 돼 법 제정에 나섰다. 2015년 7월 중의원을 통과한 이 법은 9월 19일 참의원 본회의까지 통과했다.

　이제 한국의 관심은 일본 자위대가 집단자위권을 내세워 어디까지 진출할 수 있느냐, 과연 한반도까지 들어올 수 있느냐에 집중됐다.

＿＿＿＿법안에서 사라진 '공격받은 국가의 동의나 요청' 문구

워낙 민감한 내용이다 보니 향후 자위대의 역할에 대해선 일본 언론들도 꼼꼼히 분석을 해 놨다. 그중 〈마이니치신문〉이 가상의 지도를 그려가며 정리한 내용은 다음과 같다.

자료: 마이니치신문 19일

(1) 어느 지역에 분쟁이 발생하자 다국적군 군함이 일본 근처 다른 나라의 영해를 통해 경계에 들어갔다. 그런데 갑자기 연료가 부족해 가까이 있는 일본 측에 해상 급유를 요청했다. 과거에는 이런 경우 일본 자위대가 직접 가서 도와줄 수 없었지만, 집단자위권이 인정된 상황에선 이제 출동이 가능해졌다.

(2) 또 어느 나라에서 탄도미사일을 쏠 징후가 포착됐다. 미 해군의 이지스함이 이를 감시하기 위해 근처로 배치됐는데 과거엔 자위대 군함이 이를 호위하러 출동한다는 게 불가능했지만, 이제는 어디로든 이동할 수 있게 됐다.

(3) 마지막으로 바다에 적국이 설치한 기뢰가 있는 상황이다. 이 때문에 미국 항공모함이 지나가지 못하고 있다고 해도 과거에는 지켜만 보고 있어야 했지만, 이제는 일본 영해가 아니더라도 자위대가 가서 이를 제거할 수 있게 됐다.

가상의 영토, 영해를 배경으로 설명한 것인데, 이대로라면 사실상 세계 전역을 무대로 자위대가 활동할 수 있다는 이야기다. 게다가 지도에 해당하는 육지 부분을 한반도로 바꿔놓으면 위에서 언급한 유사시에 일본 군대가 우리 영해에 들어올 수 있다는 가정으로 그대로 이어진다.

그런데 위 세 가지 경우에는 '다국적군'과 '미 해군', '자위대'만 주어로 언급돼 있다. 이들을 제외한 분쟁 당사자 국가들의 입장은 빠져 있다. 그렇다면 한국 정부의 동의 없이도 유사시에 자위대가 한반도로 진입할 수 있다는 이야기일까.

사실 그동안 일본 정부는 자위대가 한국 정부의 동의 없이 한국 영해에 들어가는 일은 없을 거라는 입장을 보여왔다. 2015년 5월 한·일 국방장관 회담에서도 나카타니 겐 일본 방위상은 "국제법에 따라 다른 나라 영역에서 자위대가 활동할 경우 해당 국가의 동의를 얻을 것이다. 이는 한국에도 마찬가지"라고 밝힌 바 있다. 하지만 집단자위권 법안에서 석연치 않은 변화가 감지됐다. 자위대가 나설 수 있는 조건으로 '일본의 존립이 위협받고 국민의 권리가 기본적으로 위협받는 경우'라고 명시했는데, 그동안 강조했던 '공격받은 국가의 동의나 요청'이란 조건은 쏙 빠졌다. 그러니 우리 의사와 상관없이 일본 군대가 한반도에 올 수 있는 것 아니냐는 우려가 더 커지게 된 것이다.

_____'일본의 존립, 국민의 권리 위협' 판단은 누가?

또 다른 중요한 문제는 '일본의 존립이 위협받고 국민의 권리가 위협받는 경우'를 누가 판단하느냐는 것이다. 제도적으로 의회가 개입할 여지는 있지만 결국 최종적으로는 총리의 판단에 맡길 수밖에 없다. 그렇다 보니 자위대 출동이란 중요한 결정의 조건이 너무 자의적이라는 지적이 일본 언론에서도 제기되고 있다.

당장 납북 일본인 문제만 해도 그렇다. 일본 총리가 "국민의 안위가 기본적으로 위협받고 있다"라고 판단해 구출을 결정한다면, 우리 정부의 동의 없이 한반도 북쪽으로 자위대를 보낼 가능성도 배제할 수 없다. 또 한반도에 정말 전쟁 위협이 높아져서 데프콘 3단계, 전투준비태세 상황이 되면 전작권이 미군 쪽으로 넘어간다. 이때 미군이 요청하면 한국 정부의 동의 없이도 일본 자위대가 한반도에 들어오는 시나리오가 가능하다. 그래서 김종대 디펜스21플러스 편집장은 "자위대가 전 세계에 다 나갈 수 있게 됐는데 왜 제일 중요한 한반도만 빼놓겠느냐"라며 "이미 자위대가 한반도에 들어올 문은 열린 셈"이라고 분석했다.

반면 이번 법안만 가지고 당장 일본군이 한반도에 들어오게 될 것이라고까지 해석하는 것은 무리라는 전문가들도 있다. 이명찬 동북아역사재단 연구위원은 "미군이 요청해 한반도에 자위대가 들어오는 상황이라면 이미 한반도가 전쟁으로 아비규환이거나 중국군까지 개입해 국제전쟁으로 비화한 상황일 것"이라고 봤다. 또 이번 법안과 관련해 "일본이 원하는 것은 미국과 함께 전쟁을 치름으로써 전범국에서 착한 군대로 탈바꿈하고 싶어 하는 것"이라는 게 호사카 유지 세종대 교수의 분석이다. 그러니 일본 군대가 의도를 가지고 한반도에 진출하는 상황을 걱정할 건 아니라는 이야기다.

다만 "자위대 파병 후 일본군이 직접 피해를 입을 경우, 일본 내에서는 평화헌법을 개정해야 한다는 목소리로 이어질 수 있다"(양기호 성공회대 일본학과 교수)는 우려도 있었다. 즉 지금 당장은 문제가 없어 보이더라도 더 큰 변화로 이어지게 하는 '사다리 효과'가 생길 수 있다는 지적이다.

_____북에 진입하겠다는 자위대, 한국이 막을 수 있을까?

집단자위권 법안이 통과된 지 한 달 뒤, 또 다른 논란이 불거졌다. 나카타니 겐 일본 방위상이 "대한민국의 유효한 지배가 미치는 범위는 휴전선 남쪽이라는 일부의 지적도 있다"라고 발언한 사실이 드러난 것이다. 결국 이는 일본 자위대가 우리 정부 동의 없이 북한에 진입할 수 있다는 가능성을 내비친 셈이다. 이 발언은 한국 정치권을 발칵 뒤집어놨고 국회에서는 여야 할 것 없이 이런 이야기들이 나왔다.

> "일본 방위상의 발언은 참으로 오만하고 무례한 발언입니다. 유엔 총회는 대한민국이 한반도의 유일한 합법정부임을 명확히 했고 헌법 제3조에 규정을 하고 있습니다." (김정훈 새누리당 정책위 의장)

> "한반도 분단에 결정적인 책임이 있는 일본의 방위상이 한국의 유효한 지배가 미치는 범위는 휴전선 남쪽이라고 강변합니다." (최재천 새정치민주연합 정책위 의장)

여기서 언급된 대한민국 헌법 제3조에서는 '대한민국의 영토는 한반도와 그 부속도서'라고 규정하고 있다. 비록 분단된 상황이어도 대한민국 주권이 한반도 전역에 미치고 있고, 그래서 북한 주민 역시 대한민국 영토에 사는

1991년
남·북한 UN동시가입

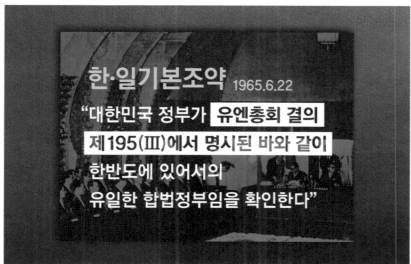

한·일기본조약 1965.6.22
"대한민국 정부가 유엔총회 결의
제195(Ⅲ)에서 명시된 바와 같이
한반도에 있어서의
유일한 합법정부임을 확인한다"

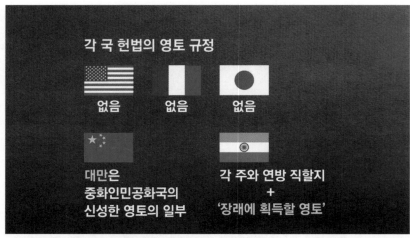

각 국 헌법의 영토 규정

없음   없음   없음

대만은
중화인민공화국의
신성한 영토의 일부

각 주와 연방 직할지
+
'장래에 획득할 영토'

改訂版
憲法學原論
[2010年版]

權寧星 著

法文社

국제법상의 일반 원칙에 따르면
일국의 영역은 국가권력이
미치는 공간적 범위에 한정.

대한민국의 국가 권력은
군사분계선 남방지역에서만
실효적으로 ⋯ (헌법의 규정은)
문제가 있는 것으로 보고 있다.

〈헌법학원론〉 권영성

우리 국민으로 보는 근거가 된다. "북한은 헌법상 대한민국의 영토이기 때문에 일본 자위대가 북한 지역에 들어가려면 한국 정부의 동의가 필요하다"라는 한민구 국방부 장관의 반박도 이를 근거로 한 것이다.

간만에 여야와 정부가 모두 같은 목소리를 낸 셈인데, 문제는 국제사회에서도 그렇게 볼 것이냐는 것이다. 양기호 교수는 "헌법의 권한은 실효지배하고 있는 자국 내에서만 미치는 것"이라며 "어떤 면에서 국제법은 헌법보다우위에 있는 것이니 국가와 국가 간의 관계에서 이를 논리적으로 따지는 것은 무의미하다"라는 의견이다. 그렇다면 헌법학자들의 의견은 어떨까. 권영성 서울대 교수의 《헌법학원론》을 보면 '국제법상 한 나라의 영역은 국가권력이 미치는 공간에 한정된다. 그런데 현재 대한민국 권력은 군사분계선 남쪽에서만 실효가 있으므로 현재 헌법의 영토 조항은 문제가 있을 수 있다'고지적하고 있다. 게다가 1991년 남북은 유엔에 동시 가입했다. 북의 실체를 사실상 인정한 상황인 만큼 국제사회에선 한국이 한반도 북쪽에 대한 권한까지가진다고 인정하지 않을 수 있다는 이야기였다.

사실 자국 헌법에 영토 조항을 넣은 곳은 많지 않다. 특히 식민지를 가졌던 프랑스, 미국 등 서구 국가는 영토에 대한 규정이 아예 없다. 나중에 또 어떻게 될지 모르는데 굳이 헌법으로 영토를 한정해 놓을 필요가 없었기 때문이다. 상대적으로 주로 신생국들이 헌법상 영토 규정을 명시해 놨다. 중국의경우 대만을 콕 집어 '중화인민공화국의 신성한 영토의 일부'라고 헌법 전문에 넣었고, 역시 독립과정에서 분쟁이 있던 인도의 경우 '장래 획득할 땅'까지자신의 영토로 명시했다. 그러니 국제적으로 볼 때 각국 헌법에 적힌 영토 개념은 실질적이라기보다 선언적인 내용에 가깝다는 게 전문가들의 의견이다.

그런데 앞서 일본 방위상의 한국 영토 관련 발언은 갑자기 튀어나온 게 아니라 역사적인 맥락이 있다. 신평 경북대 법학전문대학원 교수는 이런 발언이 "일본의 오래된 입장"이라고 이야기한다. "한·일협정 당시에도 일본 측에선 한국의 영토 범위를 남한에 한정한다고 파악했는데 지금 역시 그런 시각이 유지되고 있다"라는 것이다. 실제 1965년 한·일 기본조약을 맺을 때 일본은 추후 북한과의 관계를 염두에 두면서 '한국 정부의 영향권은 해방 후 유엔 감시 하에 선거가 실시된 한반도 남측에 한정된다'는 점을 분명히 하려고 했다. 이런 의도가 그동안 수면 아래 있다가 이번에 집단자위권 문제에서 다시 불거지게 된 것이다.

_____법으로 못 박은 집단자위권, 되돌리긴 힘들어

집단자위권에 대해 일본 내에서도 전폭적인 지지가 나오는 것은 아니다. 법 제정 후 아베 신조 총리의 지지율은 떨어졌고 이에 대해 반대하는 시민단체의 집회도 곳곳에서 열렸다. 그렇다면 위헌소송 같은 절차를 통해 이 법을 무효화할 수도 있을까. 이에 대해 박영준 국방대 군사전략학부 교수는 "강행 표결이라 모양이 사납게 됐을 뿐, 중의원과 참의원까지 적법한 절차를 거친 만큼 바뀔 가능성은 거의 없다"라고 부정적인 의견을 내놓았다.

일본의 경우 우리의 헌법재판소 같은 기관이 없다. 대신 대법원에 해당하는 '최고재판소'가 있다. 따라서 당장 위헌 결정을 내리기가 어렵고 절차 역시 복잡하다. 정권이 바뀌어 다른 당이 다수당이 될 경우 의회에서 이 법을 폐기하는 방법이 있지만 이 역시 실현 가능성이 높아 보이지 않는다. 현재 야당

이 지리멸렬하기 때문이다. 오히려 2016년 7월에 열릴 참의원 선거에서 자민당이 3분의 2 이상 의석을 차지하면 이제 평화헌법까지 바꿀 수 있게 돼 문제는 더 심각해질 수 있다는 우려까지 나오는 마당이다. 오히려 지금부터 더 경계하고 적극적으로 지켜봐야 할 시점이다.

F A C T C H E C K

인사청문회에서의 현대사 질문,
제대로 된 검증 절차인가

인사청문회는 대통령이 고위 공직자를 임명할 때
국회에서 해당 후보자의 적격성 여부를 검증하는 절차다.
대통령제 국가에서 삼권분립을 명확히 하기 위해
국회가 대통령의 인사권 행사를 견제하는 의미가 있다.
한국에서는 국민의 정부 때인 2000년에 처음 도입됐다.

대통령이 제대로 된 인물을 장관 후보자로 지명했는지
국회가 검증하는 절차이기 때문에,
직무 능력과 자질, 도덕성을 갖추었는지를 꼼꼼하게 따진다.

그런데 박근혜 정부 들어 인사청문회가
갑자기 현대사 수업시간이 되었다는 이야기가 나온다.
장관 후보자를 향해 야당 국회의원들이
5·16 군사정변의 의미를 반드시 질문하기 때문이다.

이미 역사적 평가가 끝난 사건에 대해서
야당 의원들이 집요하게 질문하는 배경은 무엇일까?
그리고 장관들의 답변은 과연 적절한 것일까?

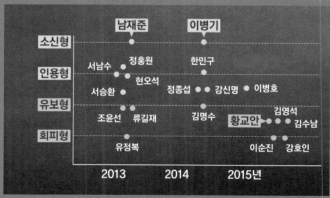

	남재준	이병기			
소신형					
인용형	서남수 정홍원	한민구			
	현오석				
	서승환	정종섭 ● ● 강신명	● 이병호		
유보형	조윤선 류길재	김명수	황교안 ●●● 김영석		
			김수남		
회피형	유정복		이순진 강호인		
	2013	2014	2015년		

"5·16은 쿠데타인가, 혁명인가?"

　고위 공직자 인사청문회마다 어김없이 나오는 질문이다. 하지만 매번 나오는 질문인데도 불구하고 답변 내용 역시 매번 논란이 된다. 이미 답이 결정되어 있는 뻔한 질문 같은데도 왜 자꾸 이 질문을 던질까. 그리고 왜 던질 때마다 매번 논란이 될까. 정치적 이유와 역사적 배경이 씨줄, 날줄로 얽혀 있는 복잡한 문제를 풀기 위해서는 그 배경을 하나씩 차근차근 짚어볼 필요가 있다. 5·16의 역사적 의미에 대한 질문이 인사청문회에 본격적으로 등장한 것은 박근혜 정부가 출범한 2013년 초부터다. 장관 후보자뿐 아니라 새로 임명되는 경찰, 검찰, 군 고위 장성에게도 빠짐없이 이 질문이 나왔다. 워낙 많은 인사들의 답변이 있었기 때문에, 유형별로 분류가 가능하다.

＿＿＿＿＿인사청문회서 가장 흔한 답변 유형

5·16에 대해 가장 흔한 답변 유형은 '기록돼 있는 대로 찬성한다, 존중한다'

인용형

서남수 교육부장관
"교과서에 기록된 것을 존중한다"

정종섭 행자부장관
"책에 기술된 바와 (생각이) 같다"

유보형

서승환 국토부장관
"역사에 대해 생각해 본 적이
많지 않다"

황교안 국무총리
"(헌재는) 하나의 의견을 제시한
것이고 (5·16은 혁명이라는)
많은 의견이 있다"

회피형

유정복 안행부장관
"직무수행에 방해가 될 수 있기
때문에 답변이 어렵다"

김수남 검찰총장
"정치적 중립을 지켜야 하는
검찰총장의 직무 수행에
지장을 줄 수 있다"

소신형

남재준 국정원장
"쿠데타다. 그런데 국민 열망을
결집해 산업화를 달성해
목표를 이뤘다"

이병기 비서실장
"학술적으로 보나 뭐로 보나
쿠데타임이 분명하다.
대한민국 정치발전이
조금 늦어진 건 사실"

라는 이른바 '인용형'이다. 정홍원 전 국무총리가 "(5·16은) 군사정변으로 교
과서에 기술되어 있고, 저도 찬성합니다"라고 답변했던 게 대표적이다. 서남
수 전 교육부 장관은 "교과서에 기록된 것을 존중한다"라고 했고, 정종섭 전
행정자치부 장관처럼 본인의 저서에 쓴 바와 생각이 같다는 식으로 에둘러
표현한 경우도 있었다. 정 전 장관의 책에는 '쿠데타'라고 표현돼 있는데, 청
문회 중에는 쿠데타라는 말을 직접 하지는 않았다.

　또 다른 유형은 조윤선 전 여성가족부 장관이 대표적이다. "제가 그 문
제를 역사적인 관점에서 평가하고 결정을 내릴 수 있는, 그 정도의 깊은 공
부는 되어 있지 않다고 생각합니다"라고 답변했는데, '잘 알지 못해서 답을
할 수 없다'는 이른바 '유보형'이다. 서승환 전 국토부 장관은 "역사에 대해 생

각해본 적이 많지 않다"라고 했고, 황교안 국무총리의 경우는 "역사적 사건에 대해 여러 의견이 있는데 5·16은 혁명이라는 많은 의견도 있다"는 식으로 정리했다.

최근에는 '회피형' 답변도 늘고 있다. 김수남 검찰총장처럼 "정치적 중립을 지켜야 하므로 개인적 견해는 밝히지 않는 게 바람직하다"라며 직책을 핑계로 답변을 피해가는 식이다. 유정복 전 안전행정부 장관 역시 "직무 수행에 방해가 될 수 있기 때문에 답변이 어렵다"라고 말했다.

모든 장관 후보자들이 답변을 피해간 것은 아니었다. 남재준 전 국정원장과 이병기 전 국정원장은 모두 명확한 소신을 밝혔다. 남 전 원장은 "국민 열망을 결집해 산업화를 달성함으로써 목표를 이뤘다"라고 단서를 달긴 했지만, 5·16이 '쿠데타'라는 점은 명확히 했다. 이 전 원장 역시 "쿠데타임이 분명하다"라고 밝히면서 "그로 인해 대한민국 정치 발전이 조금 늦어졌다"라고까지 덧붙였다. 하지만 이런 소위 '소신파'는 단 2명에 그쳤다.

장관 후보자들의 발언을 유형별, 시간대별로 정리해보면 뚜렷한 추세가 눈에 띈다. 정권 초기에는 소신형, 인용형, 유보형이 많이 나타나다가 시간이 지날수록 소신형, 인용형은 사라지고 유보형과 회피형이 많아지는 추세다.

2015년의 경우에는 중앙선관위원이나 감사원장 같은 독립기관장을 제외하고는 정부 인사 중 소신형은 아예 사라지고, 교과서를 인용하는 경우조차 줄어들었다. 정치평론가인 윤태곤 전략그룹 더모아 정치분석실장은 이런 변화가 두드러지게 나타난 시기로 볼 때 "인사청문회가 국정 역사교과서 정국과 맞물리면서 국무위원 후보들이 더 부담을 느낀 것 아니겠냐"라는 분석을 내놓기도 했다.

역사적 평가는 어떨까

그렇다면 이렇게 장관 후보자들조차 오락가락하는 답변 행태를 보일 만큼 5·16은 역사적 평가가 엇갈리는 사안일까? 역사교과서나 법원 판결 내용을 보면 그렇지 않았다.

교과서 집필 시 기준을 제시하기 위해 교육부가 내놓은 편수자료집에는 5·16을 분명히 '군사정변'이라고 못 박았다. 이에 따라 실제 고교 역사교과서에도 '5·16 군사정변은 헌정을 중단시킨 쿠데타였다'(교학사)고 적혀 있다.

헌법재판소에서는 1993년부터 세 차례에 걸쳐 결정문을 통해 5·16을 '쿠데타'로 규정했고, 대법원 역시 4년 전 국가보도연맹 피해자들이 낸 국가 상대 소송에서 같은 결론을 내렸다. 법적·교과서적으로는 이론의 여지가 없는 셈이다.

미국 시사주간지 〈타임〉이 박근혜 대통령 당선 관련 때 냈던 기사에서도 쿠데타라는 단어를 쓰고 있고, BBC가 정리한 한국 연대기에도 '1961년 쿠데타'로 기록돼 있으니 해외 언론의 시각도 상당 부분 일치한다고 볼 수 있다.

그렇다면 이렇게 명확히 나와 있는데도 불구하고 굳이 인사청문회 때마다 질문해서 입장을 곤란하게 하는 이유는 무엇일까? 당연히 정치적 배경이 있을 수밖에 없다.

한번은 한 장관 후보자가 답변을 미루다가 계속되는 추궁에 "쿠데타가 맞다"라는 식으로 답했더니 되레 "대통령과 인식이 다른데, 소신 있게 잘할 수 있겠느냐"라고 되물은 한 야당 의원의 태도가 문제된 적도 있었다. 이 때문에 최대권 서울대 명예교수는 "직무와 관계없는 단편적 질문으로 곤경에 빠뜨릴 게 아니라 장관직을 제대로 수행할 수 있는지 검증해야 한다"라고 지적하기도 했다.

하지만 반대로 건국대 법학전문대학원 한상희 교수는 "공직자라면 헌법 수호의 의무가 있고 그럴 의지가 있는지 묻는 '헌법 충성' 질문은 꼭 필요하다"라고 주장했고, 고려대 법학전문대학원 장영수 교수는 "국민들이 알아야겠다고 생각하는 부분에 대해 의원이 질문을 하는 것을 두고 잘못됐다고 볼 수 없다"라는 의견을 밝혔다.

쟁점이 될 여지가 없었던 내용이 쟁점이 되다 보니 자꾸 꼬리를 물게 되는 셈인데, 정치적 논쟁이 반복되는 것을 막으려면 역대 정부들이 어떤 입장이었는지 돌아볼 필요가 있다.

이명박 전 대통령의 경우 대선 후보 시절 토론회에서 "박정희 전 대통령이 쿠데타로 정권을 잡았다"라는 발언을 했고, 김영삼 전 대통령 역시 취임

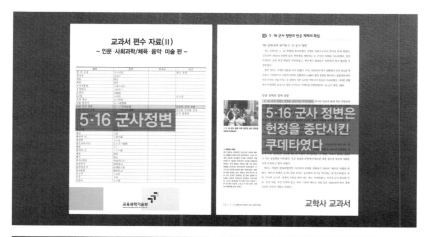

100일 기자회견에서 "5·16은 분명히 쿠데타다. 우리의 역사를 후퇴시킨 하나의 큰 시작이었다"라고 밝힌 바 있다. 과거 정부의 평가만 잘 살펴도 답변이 곤란할 필요는 없어 보인다.

국가의 부름을 받아 공직에 임하는 고위 공직자 후보자들이라면 우리 헌정사에서 평가가 끝난 역사적 사건에 대해서는 명확한 소신을 가질 필요가 있다. 당연한 상식을 모두가 공유하고 밝힐 수 있을 때 생산적이지 못한 논쟁도 끝낼 수 있을 것이다.

장관의 '총선 승리' 건배사, 선거 중립 의무 위반일까

고무신 선거, 막걸리 선거.

민주주의가 아직 완전히 뿌리내리지 못했던 1960~70년대,
관권 · 금권선거로 얼룩졌던 당시 상황을
풍자적으로 보여주는 말이다.

공무원들이 집집마다 찾아다니며
고무신 · 비누 같은 생필품을 돌리고,
동네잔치를 열어 막걸리를 대접하면서
당시의 여당 후보를 찍어달라고 홍보를 했다.
지금이라면 상상할 수도 없는
공무원들의 선거 개입이 수시로, 적극적으로 벌어졌다.
이 때문에 민주화 이후에는
공무원들의 선거 개입을 철저히 경계하고 있다.

그런데 이런 공무원의 선거 개입 논란이 2015년에,
그것도 현직 장관을 대상으로 불거졌다.
집권 여당의 승리를 기원했다는 이유였는데,
어떤 문제가 있었던 것일까?

2015년 여름, 건배사 하나가 정국을 흔드는 새로운 쟁점으로 떠올랐다. 정종섭 행정자치부 장관이 새누리당 연찬회에 참석해 했던 건배사가 발단이었다. 정 장관이 '총선'이라고 외치고, 이를 받아 새누리당 국회의원과 당직자들이 '필승'이라고 뒷말을 따라 하면서 문제가 됐다. 이 두 단어를 합쳐서 '총선 필승'이라는 구호를 현직 장관이 주문하고 외친 셈이었기 때문이다.

　　공무원의 선거 중립 의무를 위반했다는 비판이 나왔고, 당시 제1야당이

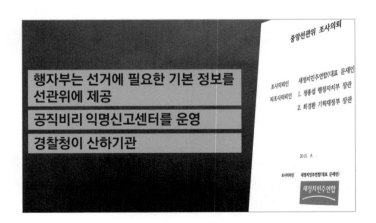

었던 새정치민주연합은 정 장관을 선거관리위원회에 고발했다. 공무원의 정치적 중립 의무를 담은 공직선거법 9조 위반이 근거였다. 대통령에게 정 장관의 해임을 요구하기도 했다. 술자리의 흥을 돋우기 위한 건배사가 정치판을 흔드는 태풍으로 변한 것이다.

야당 입장에서는 선거와 밀접한 연관이 있는 행정자치부의 수장이 이런 건배사를 했다는 점을 우려했다. 행정자치부는 인구 정보 등 선거 때 꼭 필요한 자료들을 선관위에 제공하는 정부 기관이자, 공직자의 선거 개입 행위를 신고하는 '공직비리 익명신고센터'도 운영하고 있다. 선거법을 어긴 선거사범을 수사하는 경찰청도 행자부 산하에 있기 때문에 단순한 여흥으로 넘길 수 없다는 게 야당 주장이었다.

_____정치인들의 건배사

일각에서는 건배사 하나 갖고 뭘 그렇게 요란스럽게 정치 공세를 하느냐는 얘기도 있었다. 하지만 정치인들의 건배사는 일반적인 술자리에서의 건배사와 의미나 무게가 다르다. 자신의 정치적 소신이나, 그 당시의 중요한 정치적 쟁점에 대한 의견을 은근히 표출하는 수단으로 작동한다. 이 때문에 과거에도 공무원이나 정치인들의 건배사가 실제 선거법 문제로 비화되는 경우가 많았다.

2014년 국회의원 재·보선 당시 울산의 한 현직 구청장은 건배사 때문에 재판에 회부됐다. 선거운동 기간 이전에 사조직이 주최한 모임에 참석해 정치적인 이야기를 하고, 술자리에서 '단디'라는 건배사를 했다는 이유였다.

'단디'는 경상도 사투리로 '제대로'라는 뜻을 가지고 있기 때문에, '제대로 좀 밀어달라'는 뜻이었다. 결국 이 구청장은 공직선거법 위반 혐의로 80만 원 벌금형을 선고 받았다. 일단 공직은 유지할 수 있는 형량이지만, 선거법 위반은 확실하다고 법원이 인정한 것이다.

2008년 제주도에서는 김태환 당시 제주도지사의 주민소환이 진행됐다. 그런데 투표를 앞두고 한 도청 간부가 산악인 모임에서 '가지−말자'라는 건배사를 해 논란이 됐다. 주민소환 투표는 일단 투표율이 중요한데 '투표하러 가지 말자, 무산시키자'라는 의미로 건배사가 해석됐기 때문이다.

이렇듯 건배사는 정치적으로 중요하게 받아들여진다. 하지만 정종섭 장관의 건배사가 선거법을 위반한 것인지에 대해서는 전문가들 사이에서도 의견이 엇갈렸다.

고려대 법학전문대학원의 장영수 교수는 "정치적·도의적으로 옳지 않다는 것과 완전히 법을 위반해 처벌 대상이 되는 것을 구분해야 한다"라고 지적했다. 법적으로 처벌하기 위해서는 법 위반에 대한 고의성과 과실 여부를

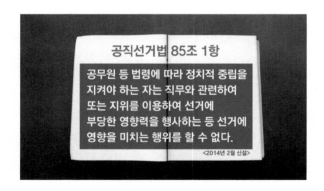

공직선거법 85조 1항

공무원 등 법령에 따라 정치적 중립을 지켜야 하는 자는 직무와 관련하여 또는 지위를 이용하여 선거에 부당한 영향력을 행사하는 등 선거에 영향을 미치는 행위를 할 수 없다.

<2014년 2월 신설>

따져야 하는데, 실제로 입증하기가 어렵고 본인은 고의성이 없다고 주장하기 때문에 법적으로 판단하기 어렵다는 게 장 교수의 설명이었다.

﹏﹏﹏﹏사전 선거운동 인정의 조건

어떤 정치인이나 공직자의 발언이 사전 선거운동이었는지를 따지려면, 몇 가지 조건을 충족시켜야 한다. 어떤 선거라고 특정해 이야기했는지, 어떤 후보를 지지해달라고 했는지, 당선시켜달라고 한 건지 낙선시켜달라고 한 건지, 누구를 대상으로 한 이야기인지, 각 항목에 부합하는 근거가 있어야 한다.

2014년 울산 모 구청장의 경우 '당시 재·보선-후보 본인-당선 목적-사조직 유권자 대상'으로 각각의 항목에 명확한 대응이 가능하다. 하지만 정 장관 발언의 경우, 논란의 여지는 있지만 "누구의 필승을 이야기했는지 특정하지 않았다", 또 "일반 유권자가 아닌 새누리당 의원과 당원들에게 의례적으로 한 말이다"라고 주장한다면 모호해질 수 있다.

하지만 공무원이 선거에 영향을 미칠 수 있는 행위를 넓고 엄밀하게 적용해야 한다는 전문가도 있었다. 황정근 변호사는 2014년 개정된 공직선거법 85조 1항을 근거로 들었다. 선거운동이 아니더라도 선거에 영향을 미치는 행위는 할 수 없다고 했기 때문에 현직 장관이 '지위를 이용해' 선거에 영향을 미치는 행위를 했다고 해석할 가능성이 있다는 것이다. 다만 선거에 영향을 미친다는 대목이 추상적이고 선례가 없었기 때문에 결국 선관위의 결정이 중요하다고 봤다.

선관위는 정 장관의 건배사가 선거법에 위배되지 않는다는 결정을 내놨

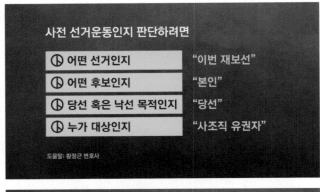

도움말: 황정근 변호사

사전 선거운동인지 판단하려면	
ⓘ 어떤 선거인지	"이번 재보선"
ⓘ 어떤 후보인지	"본인"
ⓘ 당선 혹은 낙선 목적인지	"당선"
ⓘ 누가 대상인지	"사조직 유권자"

사전 선거운동인지 판단하려면	
ⓘ 어떤 선거인지	"다음 총선"
ⓘ 어떤 후보인지	주어 없음
ⓘ 당선 혹은 낙선 목적인지	"필승"
ⓘ 누가 대상인지	여당 의원과 장관

다. 다만 "정부의 선거 지원 사무를 관장하는 주무장관으로서 중립 의무가 강하게 요구됨에도 제20대 국회의원 선거를 앞두고 선거 중립을 의심받을 수 있는 행위를 하였다는 점에서 공무원의 선거 중립 의무에 대한 강력한 '주의 촉구'를 하기로 했다"라고 덧붙였다. 선거법 위반은 아니지만 문제가 있는 행동이었으니 '주의하라'고 한 것이다.

'총선 승리'를 외쳤던 정종섭 장관은 나중에 장관직을 그만두고 20대 총선에 새누리당 후보로 출마해 당선됐다. 결과적으로 보면 '총선 승리'라는 건배사가 자기 자신을 향했다는 의혹을 부정하기 어렵게 된 셈이다.

정 장관과 같은 사례를 막기 위해서 고위 공무원들은 어떤 태도가 필요할까? 정 장관이 몸 담았던 행정자치부가 발간한《공직선거법에 따른 공무원이 지켜야 할 행위 기준》이란 책을 들여다볼 필요가 있다. 공직선거법이나 국가공무원법에서 선거 개입을 제한하면서 그 이유로 '과거 행정기관이 선거에 개입했던 역사에 대한 반성 때문'이라고 밝히고 있다. 특히 '공무원이 지위를 이용할 경우 선거에 미칠 수 있는 영향력이 상당하다'는 경고가 눈에 띈다.

선거법을 지켰는지 여부를 선거관리위원회에 묻기 전에, 공무원들 스스로 이 지침서를 다시 한 번 정독해볼 필요가 있어 보인다.

F   A   C   T   C   H   E   C   K

청와대 구조,
'소통'에 적합할까

청와대, 백악관, 다우닝가 10번지, 엘리제궁, 크렘린궁…

각 나라를 대표하는 최고지도자가 기거하며
정무를 주관하는 공간이다.
어떤 곳은 왕조시대의 궁궐처럼 화려한 외관을 자랑하고,
어떤 곳은 조촐하고 열린 공간을 지향한다.

국가 지도자의 관저는 그 나라가 어떤 방향으로
나아가려고 하는지를 상징적으로 보여주는 공간이다.
일제가 경복궁 앞에 조선총독부를 세워
조선인과 조선왕조의 단절을 꾀했던 것도
바로 공간이 상징하는 중요성을 알았기 때문이다.

우리 청와대의 경우, 구조 자체가
'소통'에 적합하지 않다는 지적이 많다.
그러나 청와대에선 '아무 문제없다'는 입장이다.
수많은 대형사건을 겪은 대한민국에서
정말 청와대에는 소통의 문제가 없는 걸까?

한 해 예산을 결정하는 시즌이 되면, 예산을 최대한 많이 확보하려는 정부와 적절하게 배분하려는 국회 사이에 줄다리기가 벌어진다. 그런데 2015년 청와대 예산을 논의하는 자리에서는 반대 현상이 나타났다. 여야가 모두 '청와대 건물 배치를 다시 할 예산을 주겠다'고 했더니, 정작 청와대에선 '필요 없다'면서 거부를 한 것이다.

국회 운영위원회에서 예산을 심의하면서 나온 이야기인데, 속기록에 따

르면 여야 의원들이 "대통령 집무실과 비서동인 위민관을 재배치하기 위한 설계 용역비용을 내년 예산안에 반영하자"라고 먼저 제안했다. 그랬더니 청와대 이재만 총무비서관이 "대통령과 보좌진 간 소통에는 지금도 문제가 없다. 2017년 예산에나 반영 여부를 결정하겠다"라면서 사실상 예산을 받지 않겠다고 거부했다. 주겠다는 예산을 정부 부처가 거부한 것도 특이한 일이지만, 그동안 청와대 구조 개선 이야기가 꾸준히 제기되었던 것과 반대되는 이야기라 더 관심이 집중됐다.

_____구조 문제를 인정하는 것은 '불통'을 인정하는 것

대통령 집무실이 있는 본관과 비서관들이 일하는 사무실인 위민관 사이의 거리가 너무 멀다는 지적은 예전부터 제기돼왔다. 지도상으로 봐도 본관과 위민관 사이는 직선거리로 500미터 이상 된다.

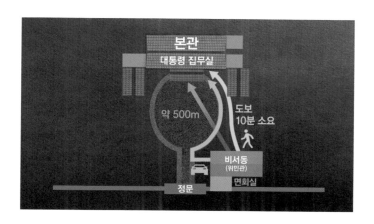

이명박 정부 당시 청와대에서 일했던 이동관 전 홍보수석은 차를 타고도 5분, 도보로는 10분 이상이 걸리는 거리라고 했다. 이 때문에 대면보고보다 인터폰 등을 사용하는 경우가 많아지고, 비서진들이 면담 일정을 따로 잡아서 대통령에게 보고할 수밖에 없는 구조라는 것이다. 이런 방식은 권위주의 시대에나 맞는 것이라고 이 전 수석은 비판했다.

위민관에도 대통령 업무공간이 있긴 하지만 거의 사용되지 않고, 본관에는 부속실 정도만 있어서 비서관들이 업무를 볼 수 있는 공간이 없다. 결국 대통령과 비서진이 계속 떨어져서 각각 업무를 볼 수밖에 없는 구조다. 때문에 이 둘 간의 거리를 좁혀야 한다는 이야기가 계속 나왔던 것이다.

청와대와 자주 비교되는 곳은 미국 대통령 집무실이 있는 백악관이다. 드라마나 영화 등을 통해 백악관 구조가 자주 소개되는데, 대통령 집무실과 비서진의 업무공간은 상당히 가깝게 붙어 있다.

미국 드라마 〈웨스트윙〉의 첫 장면을 보면, 주인공이 좁은 복도를 따라

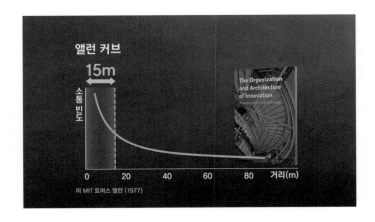

앨런 커브

15m

소통빈도

0   20   40   60   80   거리(m)

미 MIT 토머스 앨런 (1977)

The Organization and Architecture of Innovation

여러 방을 지나서 대통령 집무실인 '오벌 오피스(Oval Office)'에 들어가는 모습이 나온다. 이때 주인공이 스쳐 지나는 방들이 비서실장실, 대변인실, 안보보좌관실 등이다. 백악관의 웨스트윙이라는 공간에는 대통령 집무와 관련한 비서관들이 다 모여 있다고 볼 수 있다.

영국 역시 총리관저가 있는 다우닝가 10번지에는 총리 집무실에 비서실장 사무실 등 업무공간이 있고, 바로 옆 11번지에는 재무장관 집무실이 있어 서로 연결돼 있다.

최근 완공된 독일 총리관저는 실무진과의 접촉을 높이기 위해 집무실과 비서실, 장관실을 4개 층에 몰아놨고, 특히 총리 집무실과 비서실 간의 거리는 15걸음에 불과하다고 한다. 청와대와는 상당히 많이 다르다. 소통에 있어서 15걸음과 500미터 차이라고 볼 수 있다.

'공간적으로 가까워야 소통도 더 잘 된다'라는 것은 커뮤니케이션 분야에서는 기본으로 통한다. 미국 MIT 경영전문대학원의 토머스 앨런 교수가 제시한 '앨런 커브' 개념이 대표적이다. 업무공간 내에서 사람들 간의 물리적인 거리가 멀어지면 그만큼 소통 가능성이 줄어든다는 내용으로, 사람들이 15미터거리 안에 있을 때 소통이 급격하게 늘어난다는 연구 결과를 냈다. 이른바 '15미터의 법칙'이다.

일본 정치학계의 원로인 미쿠리야 다카시 교수도 《권력의 관을 거닐다 (権力の館を歩く)》라는 저서에서 지도자에게 있어 공간의 중요성을 강조했다. 그는 '건축이 정치를 결정하고 정치가 건축을 결정한다'면서 국가 수장이 자유롭게 이동하지 못하면 집무실이 고립되고 결국 그 자신이 고립된다고 경고했다.

건축이 정치를 결정하고
정치가 건축을 결정한다

관저 내부에서 자유롭게
옮겨다니지 못하면
총리 집무실이 고립되고,
결국 총리 자신이 고립된다

미쿠리야 타카시 도쿄대 명예교수   <권력의 관을 거닐다(2010)>

청와대 위민관은 지은 지 40년이 훌쩍 넘어가는 건물이라 재난위험시설 D등급을 받았던 전력이 있다. 한때 경제수석실의 방 천장이 내려앉아 유리벽이 깨지는 일도 있어서 재건축은 불가피한 상황이다. 그런데도 청와대가 재건축 관련 예산을 거절한 이유는 무엇일까?

일단 이재만 비서관은 "재배치할 경우 대체 사무실을 알아봐야 한다"라며 당장 추진하기 힘든 이유를 설명했지만, 정치평론가들의 생각은 달랐다. '청와대 내에서 소통이 잘 안 된다'는 이야기가 나오는 것 자체를 꺼리기 때문이라는 것이다.

경희대 후마니타스 칼리지 김민전 교수는 소통 문제를 끊임없이 지적받아온 박근혜 정부 입장에서 청와대 구조문제를 인정하는 게 곧 '불통' 사실을 인정하는 것으로 여길 수 있다고 분석했다.

하지만 "대통령과 보좌진 간의 소통에는 지금도 문제가 없다"라는 청와대의 주장을 그대로 받아들이기 어려운 정황들이 그동안 많았다. 2014년 세월호 사고 당시 7시간 동안 대통령이 제대로 보고를 받았는지 논란이 된 바 있고, 2015년 메르스 사태 때나, 비무장지대에서 목함지뢰가 터졌을 때도 장관이 대면보고를 못한 게 문제로 지적됐다. 방위사업청의 KFX 사업 관련 보고 누락 논란까지, 공통적으로 소통이란 문제가 중심에 있었다.

청와대가 문제없다고 한 소통과 국민들이 느끼는 소통 사이에 상당한 온도차가 존재함을 다시 한 번 확인하게 된 계기였다. 청와대는 소통을 불편하게 만드는 건물 구조를 개선하는 작업과 함께 소통에 적극 나서는 태도 개선 작업 역시 필요할 것이다.

3장

법과 제도는
우리 생활을 어떻게
변화시키는가

해고 지침이
노사 갈등을 줄일 수 있을까

"해고는 살인이다!"

2009년, 쌍용자동차의 대규모 정리해고 당시
노조와 노동자들이 외쳤던 구호다.
실제로 정리해고자, 희망퇴직자, 가족 등 28명이
소위 '쌍용차 사태'와 관련된 원인으로 목숨을 잃었다.

어떤 이들의 인생에서는,
아니 노동자로 살아가는 대다수 평범한 사람들에게
해고는 곧 삶에 대한 절대적 위협이다.

그런데 고용노동부가 '일반해고 지침'을 만들면서,
노동자들을 부당한 해고로부터 보호하고
노사 갈등을 줄이기 위해서라는 주장을 내놨다.

과연 노동부의 '해고 지침'이
부당한 해고를 줄이고 갈등을 중재하는
'노동자를 위한 방패'가 되어줄 수 있을까?

그러나 회사는
대화와 교섭도
거부하고 있습니다

현명한 판결
내려주십시오

근로기준법 23조	부당해고 구제신청
사용자는 근로자에게 정당한 이유 없이 해고를 하지 못한다	1만 1444 (2012년) · 1만 2805 (2013년) · 1만 2996건 (2014년) 자료: 고용노동부

고용노동부
Ministry of Employment and Labor

2015년 새해 벽두부터 고용노동부가 발표한 양대 노동 지침이 노동계를 뒤흔드는 이슈로 떠올랐다. 그동안 입법화를 놓고 국회에서 논란이 됐던 '공정 인사 지침'과 '취업규칙 지침' 두 가지다. 이기권 고용노동부 장관은 지침을 내놓으면서 "일자리 위기를 극복해달라는 국민과 노사의 바람을 더 이상 미룰 수 없어서 행정 지침을 먼저 내놓게 됐다"라고 전했다.

특히 '일반해고 지침'이라고도 불리는 공정인사 지침을 놓고 "일자리 시장의 불확실성이라는 안개를 걷어내기 위해 현재의 점멸등을 누구나 지켜야 하는 4색 신호등으로 바꿔주는 것"이라고 표현했다. 해고를 둘러싸고 1년에 1만 3000건 이상 벌어지는 갈등을 줄이기 위해 근로계약 관계를 법과 판례에 따라 명확히 했다는 게 이기권 장관의 주장이었다. 그렇다면 정말 정부의 말대로 불확실성은 사라지고, 해고를 둘러싼 갈등은 줄어들 수 있을까?

_____노동시장의 혼란을 가중시킨 진짜 이유는?

노동부의 주장대로라면 그동안 이런 지침이 없었기 때문에 노동시장의 혼란이 심했고, 해고를 둘러싼 분쟁도 많았다는 얘기가 된다. 현재 근로기준법 23조에는 '사용자는 근로자에게 정당한 이유 없이 해고하지 못한다'고 돼 있다. 그런데 이 '정당한 이유'라는 게 모호하다 보니 노동위원회에 '부당해고를 당했다'는 구제신청이 매년 늘고 있다는 게 정부의 설명이다.

노동위 구제신청이 5년 전 1만 건 정도에서 계속 늘어 2014년에는 1만 3000건 가까이로 증가한 것은 사실이다. 게다가 노동자 측이든 사용자 측이든 노동위에서 나온 결정을 못 받아들이면 법원까지 가게 되기 때문에 이 과정에서 상당한 갈등과 사회적 비용이 발생하는 것 역시 틀린 말은 아니다.

그래서 정부는 노사 모두를 위해 과거 판례를 바탕으로 이 '정당한 이유'에 대한 기준, 즉 '일반해고의 기준'을 마련했다고 설명한다.

일반해고는 곧 '저성과자 해고'가 될 것

하지만 취재 결과 노무사, 변호사, 교수 등 해당 분야 전문가들의 전망은 정부의 기대와는 큰 차이가 있었다. 노동문제를 많이 다뤄온 이한 변호사는 오히려 정부의 새로운 지침 때문에 기업들이 일반해고라는 통로를 활용하려고 더 많은 시도를 할 것이라고 주장했다. 법률적 제한 때문에 예전에는 활용되지 않았던 해고 통로로 '저성과자 해고'가 활용되면서 분쟁이 더욱 늘어날 것이라는 전망이었다. 행정관청(노동위원회)이나 행정부(고용노동부) 수준에서 해결되어야 할 사회적 분쟁이 사법부인 법원으로까지 가야 하는 복잡한 문제가 될 가능성이 높다는 것이다. 그렇게 되면 분쟁 건수도 늘고 갈등의 정도도 더 심해진다.

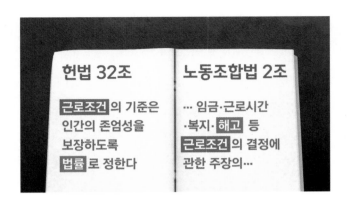

그 이유는 기본적으로 '해고 지침'이 법에 어긋나기 때문이라고 전문가들은 지적했다. 헌법 32조에는 '근로조건의 기준은 인간의 존엄성을 보장하도록 법률로 정한다'고 돼 있다. 법률에서 말하는 근로조건의 내용은 노동조합법 2조에 나와 있다. 임금, 근로시간, 복지와 함께 해고 역시 근로조건에 포함되어 있다.

때문에 해고와 관련된 기준도 당연히 법으로 정해야 한다. 그런데 정부가 내놓은 '해고 지침'은 법이 아니다. 정부가 단순한 참고자료로 내놓은 것이기 때문에 법적 효력이 없다. 입법부인 국회는 물론, 행정부의 의결도 거치지 않았다. 실제 기업이 이 지침을 기준으로 해고를 진행할 경우 '법에 따르지 않았다'는 소송이 잇따를 수밖에 없다.

게다가 소송은 소송 당사자만 구제하는 것이기 때문에, 해고자 모두가 각자 소송에 나서면 더 큰 갈등과 비용을 초래할 수밖에 없다. 줄소송은 곧 막대한 사회적 비용을 의미한다.

_____통상임금의 트라우마

이렇게 정부 지침으로 사회적 갈등을 우회하려고 했다가 더 큰 갈등을 일으
켰던 비근한 예로 '통상임금 지침'을 들 수 있다. 정부가 1988년에 '통상임금
산정 지침'을 만들어, 법에 나와 있지 않은 정기 상여금과 고정적 복리후생금
을 통상임금에서 빼도 된다고 규정했다. 기업들은 25년 동안 이 지침에 따라
통상임금을 산정했는데, 2013년 대법원에서 '어차피 월급처럼 정기적으로
주던 걸 왜 빼느냐, 통상임금에 포함시켜라'라는 취지로 판결하면서 이 지침
이 무력화되어 버렸다. 법률에 맞지 않는 지침이었다고 결론이 나온 것이다.

　　그러자 기업마다 새로 임금 단체협상을 하느라 진통을 겪었고, 노동자
들은 그동안 이 지침 때문에 제대로 못 받은 통상임금을 소급해서 달라는 소
송을 잇따라 제기했다. 재계에선 이로 인한 비용이 38조 원에 달한다고 추
산할 정도다.

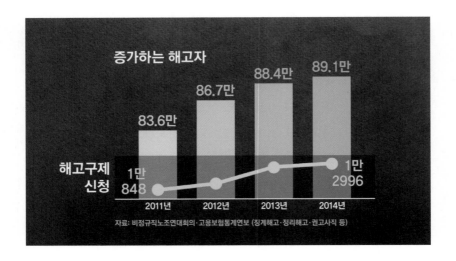

증가하는 해고자

83.6만　86.7만　88.4만　89.1만

해고구제
신청
1만
848
1만
2996

2011년　2012년　2013년　2014년

자료: 비정규직노조연대회의·고용보험통계연보 (징계해고·정리해고·권고사직 등)

　고려대 법학전문대학원의 박지순 교수는 이를 '통상임금 트라우마'라고 표현했다. 법률이나 판례에 반하지 않게 행정지침을 만들고, 문제가 있으면 변경해야 할 노동부가 거꾸로 법에 맞지 않는 지침을 만들어 혼란만 가중시켰다는 것이다. 결국 최대 희생자는 근로자와 사용자일 뿐이라는 게 '통상임금 트라우마'의 교훈인 셈이다.

　무엇보다 해고 관련 분쟁이 왜 늘고 있는지를 따져볼 필요가 있다. 비정규직노조연대회의에서 고용보험을 상실한 사람들 숫자를 바탕으로 해고자 수를 산정해본 결과, 2011년만 해도 81만 명 수준이던 것이 최근 90만 명을 육박하고 있다. 고용보험에 가입하지 못하는 노동자들까지 포함할 경우, 실제 해고자 수는 훨씬 더 많을 것으로 추정된다.

　현재 노동위원회에 접수되는 해고 관련 분쟁이 많아지는 것이 이기권 장관 말대로 명확한 해고 기준이 없어서인지, 아니면 전체 해고 건수 자체가 많아져서 그런 건지 심각하게 생각해볼 부분이다.

이기권 장관은 일반해고 지침을 두고 "안개를 걷어내기 위해 설치한 4색 신호등"이라고 했다. 하지만 신호등이 불필요한 곳에 서 있거나, 혹은 오작동할 경우에는 더 큰 위험을 초래할 수 있다는 점도 염두에 둬야 할 것이다.

정부의 노동시장 개혁,
청년 채용 늘릴까

노동자들을 위해 일반해고 지침을
만들었다고 하는데 노동자들의 반응은 썰렁하다.
청년 일자리를 위해 임금피크제를 도입하는 거라고
그렇게 강조하는데도
정작 청년들 반응은 시큰둥하다.

현 정부의 핵심 현안인 노동시장 구조개혁에 대한
여론이 좀처럼 우호적이지 않자
이기권 고용노동부 장관이 직접 전도사로 나섰다.

대학생들을 상대로 한 타운홀 미팅에서
쏟아지는 대학생들의 질문.
그런데 왠지 이 장관은 꾸지람을 하는 분위기다.

"우리가 논의를 할 때 팩트를 달리 이야기하면
논쟁이 안 되는 거예요."
"우선 팩트를 명확히 알아야 하는데."
"팩트와 그 부분은 다르다는 이야기고."

팩트(fact), 즉 사실관계가 틀렸다고 하는
그의 훈계 속 팩트는 과연 다 맞는 것이었을까?

이기권 고용노동부 장관

"공부를 하는 학생이니까
팩트는 정확하게 보면서
대안에 대해,
정부에 비판을 해달라"

대학생

"대기업의 사내 유보금이
청년 일자리 만드는 데 얼마나 쓰일지?"

이기권 고용노동부 장관

"기업들이 청년 뽑을 때 두려움을
해소해 주자는 게 노동시장 개혁의 근본.
노사정 합의 이후 (기업들이)
13% 더 뽑았잖아요?"

대학생

"임금피크제는 결국
아버지 돈 빼앗아 아들에게 주는 것?"

이기권 고용노동부 장관

"임금피크제는
청년과 장년이 상생하기 위한 기초"

노동시장 개혁은 박근혜 정부의 최대 현안 중 하나다. 대선 공약으로 내걸었
던 '정년 60세 연장'을 현실화하다 보니 인건비 부담이 늘어난 기업들이 아우
성이고, 신규 채용을 줄이자 청년실업률이 역대 최고치를 기록하면서 청년
들이 아우성이다. 청와대와 여당은 노동시장 구조개혁이라는 이름으로 관련
법 개정을 밀어붙였지만, 야당과 노동계의 반발에 부딪혔다

　　이기권 고용노동부 장관이 총대를 멨다. "30년 공직 경력의 명예를 걸
겠다"라며 이곳저곳을 다니며 노동개혁의 필요성, 효과를 설파했다. 대학생
들을 상대로 한 타운홀 미팅도 열었다. 여러 대학생들의 질문이 쏟아졌는데,
답변을 하던 이 장관은 중간중간 "대학생들의 팩트가 틀렸다"라는 지적을 하
며 설득에 나섰다.

＿＿＿＿＿ 정부 덕분에 기업들의 채용 두려움이 없어졌는가

미팅에 참석한 대학생들의 질문 주제는 단연 앞으로 일자리가 어떻게 될지
에 모아졌다.

대학생 A: 　대기업들이 유보금은 많은데 청년 일자리 만드는 데 얼마나 쓸지 의문이다.

이기권 장관: 　기업들이 청년 채용하는 데 두려움 없애주자는 게 노동시장 개혁의 근본이고, 실제 노·사·정 합의가 이뤄지고 나니 기업들이 채용을 늘렸다.

이 장관이 언급한 노·사·정 합의는 2015년 9월 경제사회발전노사정위원회가 '노동시장 구조 개선을 위한 노·사·정 합의문'을 의결한 것을 말한다. 나중에 한국노총이 합의 파기를 선언하기는 했지만, 정부와 재계, 노동계가 함께 노동시장 개혁에 대해 합의하고 나니 불확실성이 사라졌고, 곧이어 기업들이 채용에 나섰다는 이야기였다.

실제 2015년 하반기에 갑자기 대기업들이 대대적인 채용계획을 발표한 바 있다. 앞서 청와대에서 열린 대기업 총수 청와대 간담회 이후 화답의 성격으로 나온 대책인데, 이를 따져보면 대부분 인턴 채용이나 직업교육, 창업지원에 집중돼 있다. 실제 취업준비생들이 체감할 수 있는 신규 공채 규모는 예년과 크게 다를 바 없고, 노조가 임금피크제를 수용할 경우 신입을 얼마 더 뽑겠다는 식으로 조건을 달아놓은 곳도 있었다. 12월 한국경영자총협회에서 '2016년 대기업 채용계획'을 조사해 발표했는데 올해 수준을 유지하거나 오히려 줄이겠다는 의견이 81%나 됐다. 그러니 이 응답 결과만 보면 이 장관이 이야기했던 대로 과연 기업들이 노·사·정 합의 이후 채용을 늘린 건지, 청년 채용에 대한 두려움이 없어진 건지 의문을 품게 된다.

한편 학생들은 임금피크제에 대해서도 궁금한 점이 많았다.

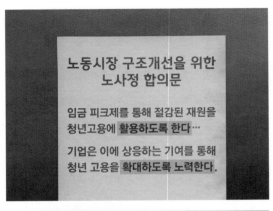

자료: 한국경영자총협회 (2015.12.13) / 235개 사 중 대기업 69개 사

대학생 B	임금피크제가 결국 아버지 돈 뺏어 아들에게 주자는 것 아닌가?
이기권 장관	팩트를 그렇게 봐서는 안 된다. 단기적으로는 정부가 지원하지만
	장기적으로는 기업이 부담을 하면서 임금피크제가 결국 청년과
	장년이 상생하는 기초가 될 것이다.

임금피크제는 근로자가 일정 연령에 도달한 시점부터 임금을 삭감하는

대신 근로자의 고용을 보장하는 제도다. 60세 정년 연장 공약을 실현시키는 과정에서 기업의 반발을 줄이기 위해 정부가 강력하게 추진하고 있는데, 임금피크제를 통해 절약되는 인건비 재원으로 청년 채용을 늘릴 수 있다는 게 그간 정부의 주장이었다. 그러나 관건은 그렇게 생기는 여윳돈을 기업들이 청년 채용에 과연 쓸 것이냐는 부분이다. 이에 대해 노동사회연구소 김유선 박사는 "민간 부문은 정부가 강제할 수 있는 수단이 하나도 없다"라면서 회의적으로 봤다. 지금 대기업들이 돈이 없어서 신규 채용을 안 하는 게 아니라 경기와 대외환경이 모두 불확실하기 때문이라는 것이다. 아무리 정부가 압박을 한다고 해도 기업들이 억지로 채용을 늘릴 순 없을 거란 이야기다

실제 노·사·정 합의문에 있는 문구를 봐도 이런 의구심을 품게 한다.

'임금피크제를 통해 절감된 재원을 청년 고용에 활용하도록 한다.'
'기업은 이에 상응하는 기여를 통해 청년 고용을 확대하도록 노력한다.'

정작 중요한 부분에 대해서는 강제가 아니라 선의의 노력을 하는 정도로 명시돼 있는 것이다. 게다가 원래 임금피크제는 정년 연장 때문에 논의가 시작된 것이지, 청년 채용과는 아무 관계가 없었다. 국회 입법조사처 역시 관련 연구 보고서를 통해 '임금피크제를 실시해도 기업의 부담이 늘어날 것이기 때문에 정부나 재계의 기대와 달리 청년 일자리가 생기는 데는 부정적일 수 있다'며 '임금피크제는 마법의 열쇠가 아니라 고령자를 계속 고용할 수 있도록 하는 보완적 수단'이라고 분석했다.

한국노동연구원이 2012년 낸 연구 보고서에서도 관련된 내용을 확인

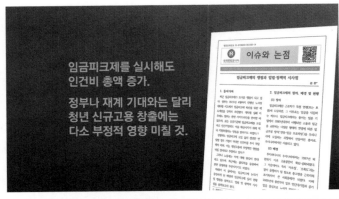

임금피크제를 실시해도
인건비 총액 증가.

정부나 재계 기대와는 달리
청년 신규고용 창출에는
다소 부정적 영향 미칠 것.

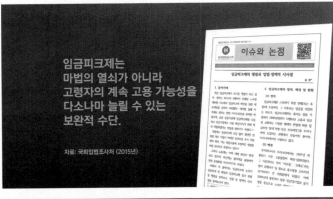

임금피크제는
마법의 열쇠가 아니라
고령자의 계속 고용 가능성을
다소나마 늘릴 수 있는
보완적 수단.

자료: 국회입법조사처 (2015년)

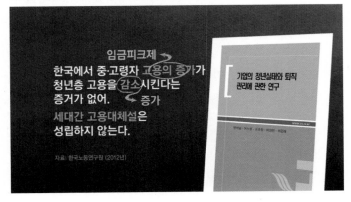

임금피크제
한국에서 중·고령자 고용의 증가가
청년층 고용을 감소시킨다는
증거가 없어. 증가
세대간 고용대체설은
성립하지 않는다.

자료: 한국노동연구원 (2012년)

할 수 있다. 이 장관의 전임자인 방하남 전 장관이 포함된 연구진의 보고서인
데, '한국에서 중장년층의 고용을 늘린다고 청년층 고용이 줄어든다는 증거
가 없다'라면서 '세대 간 고용대체설이란 건 성립하지 않는다'는 내용이 들어
있다. 사실 이는 우리 사회가 정년 연장을 해도 큰 문제가 발생하지 않을 거
란 논지를 펴기 위한 논문이었는데, 결론적으로 중장년층 고용과 청년층 고
용 사이에는 별 상관관계가 없다는 이야기였다.

　　그런데 주요 단어만 뒤집어 말하면 '중장년층에서 임금피크제를 해도
청년층 고용이 늘어난다는 증거가 없다'는 문장도 성립한다. '세대 간 고용대
체'는 성립하지 않는다고 했으니 말이다. 그러니 "임금피크제로 청년 고용을
늘린다"라는 건 이 장관 표현대로 '팩트'라기보다 정부의 바람, 의견에 가깝
다고 볼 수 있는 셈이다.

＿＿＿＿＿＿희망사항과 팩트를 헛갈린 노동부장관

장관이 부처에서 추진하는 정책을 설명하기 위해 국민들을 직접 만나러 가
는 것에 대해 부정적으로 볼 일은 아니다. 그런데 이 장관은 간담회 말미에
"공부하는 학생들이니까 팩트는 정확히 보면서 대안을 제시하고 비판해 달
라"라고 당부했다. 희망사항과 팩트는 정확하게 구분하면서 주장을 펼쳐야
한다는 점은 비단 공부하는 학생들뿐 아니라 장관 본인에게도 해당되는 이
야기일 것이다.

자살 예방 생명의 다리,
효과 있었을까

'많이 힘들었구나'
'별일 없었어?'
'스스로를 믿어'
'말 안 해도 알아'

서울 한강의 마포대교 난간에
적혀 있는 글귀들이다.

한때 자살을 막기 위한 참신한 아이디어로
관심을 받았지만
또 다른 논란에 휩싸이기도 했다.

자살 방지 효과는커녕
오히려 자살이 더 많아졌다는 주장도 나왔던 것.

서울시에선 한때 철거를 결정하기도 했는데
마포대교 '생명의 다리'는
정말 효과가 없었던 걸까.

자살을 막을 수 있는 진짜 묘안은 무엇일까.

마포대교

마포대교 자살 시도

184명

93명

15명

2012   2013   2014년

자료: 서울 소방재난본부

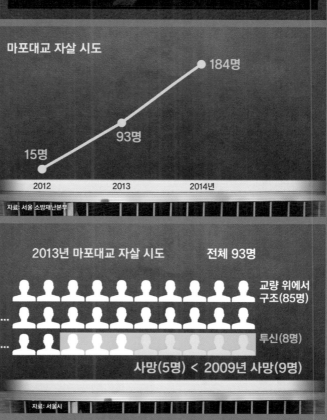

2013년 마포대교 자살 시도   전체 93명

교량 위에서
구조(85명)

투신(8명)

사망(5명) < 2009년 사망(9명)

자료: 서울시

여의도와 마포를 연결하는 서울 마포대교. 한강에서 다섯 번째로 놓인 이 다리는 투신자살 시도가 가장 많이 일어나는 곳으로 유명하다. 그러자 2012년 9월 이곳에 '생명의 다리' 프로젝트가 시작됐다. 광고회사인 제일기획에서 아이디어를 냈고 서울시와 삼성생명이 MOU를 체결해, 다리 난간에 자살을 막기 위한 다양한 문구를 적어 놓고, 여러 조형물도 설치했다.

칸 국제광고제와 레드닷 디자인어워드 등 굵직한 글로벌 광고제에서 39개의 상을 받았고, 외신들의 관심도 쏟아졌다. 그러자 2013년 11월 서울시는 한강대교에도 같은 시설을 설치했다.

_____'생명의 다리' 정말 효과 없었을까?

그런데 시행 3년 만에 서울시는 돌연 사업 중단을 선언했다. 시설 유지를 위해 삼성생명이 지불하는 비용이 한 해 1억 원 정도인데 "경영사정상 비용 절감을 위해 사업을 중단하게 됐다"라는 통보를 받았다는 것이다.

그런데 그동안 자살 방지 효과에 대해 논란이 많았던 점도 감안한 결정

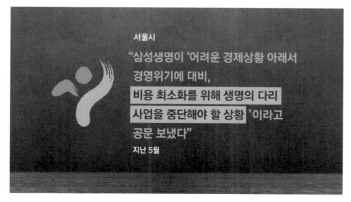

이라는 이야기도 나왔다. 실제 최근 마포대교에서 있었던 자살 시도 건수를 보면 2012년 15건에서 2013년 93건, 2014년 184건으로 큰 폭으로 증가했다. 2014년 한강 전체 다리에서 있었던 투신 시도 396건 가운데 절반 정도가 마포대교에서 일어났으니 그런 논란이 있을 법도 했다.

하지만 이 숫자만 가지고 효과가 없었다고 결론을 내리기엔 성급하다는 주장도 나온다. 송인한 연세대 사회복지학과 교수의 이야기다.

> "과거보다 투신자살 시도자가 많아졌다기보다는, 최근 관심이 많아지면서 더 많이 발견하고 구조하게 된 것이 아닌가 생각합니다. (마포대교 위에) 생명의 전화가 생기고, 순찰차가 자주 지나가기 때문에, 또 지나는 시민들의 자살에 대한 인식도 높아졌기 때문에 과거에는 미처 모르고 지나쳤던 시도자들을 더 많이 구조할 수 있는 환경이 된 거죠."

실제 2013년을 기준으로 볼 때 마포대교에서 자살을 시도한 93명 중에 실제 뛰어내린 사람은 8명이고 나머지는 다리 위에서 구조가 됐다. 또 뛰어내린 사람 중에 사망한 사람은 5명이었는데, 이 역시 과거에 비해 상당히 줄어든 편이다. 생명의 다리 사업은 난간에 격려 글귀만 적은 게 아니라 CCTV와 센서, 생명의 전화를 설치하고 구조 시스템을 갖춘 것 등을 다 포함한다. 그러니 자살 시도자 가운데 생존율이 높아진 것을 이 사업의 효과라고 볼 수 있다는 분석도 나온다.

그런데 한강에서 특정한 다리에만 절반 가까운 투신자살 시도자가 몰렸다는 점에서 뭔가 문제가 있긴 있어 보인다. 미국의 심리학자 샌드라 생어는 자살이 많이 일어나는 곳에 대한 연구를 진행했는데 "보통 자살하려는 사람은 유명한 곳에서 하려는 충동이 있고, 다른 사람들이 있는 곳에서 하려는 복잡한

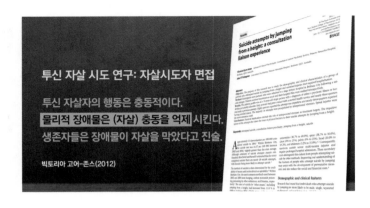

감정이 있다"라는 결론이었다.

그러다 보니 미국 샌프란시스코의 금문교나 캐나다의 프린스 에드워드
교처럼 대형 교량들은 세계적 관광지인 동시에 '자살 명소'이기도 했다. 이런
현상이 마포대교에도 그대로 이어졌다는 의견도 나온다. 어쨌든 투신자살 시
도자가 늘었다는 것은 지금 '생명의 다리'에서 하고 있는 사업 내용에 뭔가 문
제가 있을 수 있다는 지적이다.

그래서 국립중앙의료원 정신건강의학과의 김현정 교수는 "사업의 의도
가 자살을 예방하는 거였으면 펜스 등의 안전시설을 강화하는 쪽으로 집중
해야 한다"라고 이야기한다.

실제 학문적으로나 실증적으로 교량에서 투신을 막기 위한 방안 중 현
재까지 가장 검증된 것은 물리적 장애물을 설치하는 것이다. 캐나다의 프린
스 에드워드교도 2003년에 62억 원을 들여 방지시설을 설치했는데 그 뒤 자
살자가 거의 사라졌고, 영국의 자살 명소였던 클리프턴 현수교 역시 장벽을
설치한 이후 투신자 수가 절반으로 줄었다. 호주 연구진에 따르면, 물리적 장

애물이 높은 곳에서 투신하려는 사람들의 충동을 억제시키는 효과가 있다고 했다. 또 실제 자살을 시도했던 사람들을 상대로 진행한 인터뷰에서도 "장애물 때문에 뛰어내리지 못했다"라는 진술이 많았다

_____'생명의 다리' 사업이 근본적 해결책이 못 되는 이유

서울시는 '생명의 다리' 사업이 끝난 뒤에도 자살 방지를 위한 장애물을 추가로 설치하겠다는 계획을 내놨다. 그러면 아마도 마포대교에서의 자살 시도 건수를 줄일 수는 있겠지만 근본적인 해결책은 아니다. "결국 자살이 많다는 것은 살 만한 세상이 아니라는 것인데, 자살 시도 문제만 따로 떼어내서는 해결될 수 없다"라는 게 송인한 교수의 이야기다. 캐나다 온타리오주 역시 프린스 에드워드교에서의 자살은 사라졌지만 주 전체의 자살률에는 아무런 변화가 없었다.

2012년에만 해도 148건이었던 서울 한강 다리에서의 자살 시도 건수는 2014년 396건, 2015년에는 500건(2015년 7월 기준)이 넘을 것으로 보인다. 앞으로 효과적인 캠페인이나 안전장치를 강화하면 마포대교가 자살대교라는 오명은 벗을 수 있을지 모른다. 하지만 우리 사회가 근본적으로 바뀌지 않는다면 그 오명은 금세 다른 장소가 건네받게 될 것이다.

무심히 쓰는 '차별적 용어', 어떻게 바꿔야 하나

"병신!"
한때 흔하게 사용되던 욕설이다.
그러나 이 욕설 안에는 몸이 불편한 사람에 대한
멸시와 조롱을 당연시하는 무신경한 인식이 깔려 있다.

그래서 온라인에서는 '병신'이라는 욕설 대신
'등신'을 사용하자는 운동이 벌어졌다.
'등신'은 쇠, 돌, 나무, 흙 등으로 만든 사람의 형상으로,
어리석은 사람을 얕잡아 부르는 욕이다.

욕을 할 때 하더라도,
굳이 몸이 불편한 사람을 무시하고 조롱하는
'올바르지 못한' 단어를 사용하지 말자는 의도였다.

그만큼 말은 섬세한 것이고, 어떤 단어를 사용하느냐에 따라
말하는 사람이나 듣는 사람의 의미와 반응이 달라질 수 있다.
'차별적 용어'를 바꾸려면 어떤 고민이 필요할까?

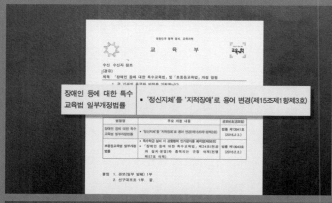

장애인 등에 대한 특수
교육법 일부개정법률

- '정신지체'를 '지적장애'로 용어 변경(제15조제1항제3호)

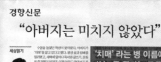

경향신문

"아버지는 미치지 않았다"

'치매' 라는 병 이름에
쓰는 두 글자는 모두
미치다, 어리석다는 뜻
일본은 '인지증'
대만은 '실지증'
홍콩은 '뇌퇴화증'

2015년 12월 22일

'한 학생이 찾아와 아버지가 치매를 앓고 있다고 했다. 병에 대해 공부를 하면 서 이게 고약한 인권 침해적인 용어라는 걸 깨달았단다. 치매라는 두 글자는 모두 미치다, 어리석다는 뜻이다. 그러니 치매 환자는 곧 미친 환자, 어리석은 환자가 된다.'

2015년 12월 〈경향신문〉에 실린 '아버지는 미치지 않았다'는 칼럼의 한 대목이다. 칼럼을 쓴 인권연대 오창익 사무국장은 잘못된 용어 사용이 오해와 편견을 강화하는 현상을 지적했다.

'치매'라는 말은 일본에서 건너온 말이다. 한국에서는 이 말이 여전히 주류로 사용되고 있지만, 정작 일본에서는 차별적 인식을 불러일으킬 수 있다는 점을 들어 '인지증'으로 바꿔 부르고 있다. 대만에서는 '실지증', 홍콩에서는 '뇌퇴화증'으로 불린다. 이처럼 우리가 관성적으로 쓰고 있지만 당사자에겐 크게 상처가 될 수 있는 부적절한 용어들이 아직도 많다.

_____ '정신지체'와 '지적장애'

대표적인 경우로 '정신지체'라는 용어를 꼽을 수 있다. 교육부에서는 '정신지체'라는 표현을 교육 현장에서 사용하지 말라는 공문을 내려보내기도 했다. 2016년 2월 '장애인 등에 대한 특수교육법'이 개정됐는데, 여기서 그동안 '정신지체'라고 돼 있던 부분을 모두 '지적장애'로 바꿨다. 이 때문에 일선 학교에서도 '지적장애'라는 용어를 사용하라는 공문을 보낸 것이다.

'지적장애'라는 용어와 관련된 역사는 의외로 길다. 1980년대에는 관련 법에서 '정신박약'이라는 용어를 썼다. 그러다 1990년대부터 '정신지체'라는 말로 바뀌었는데, 2000년 이후부터는 이 역시 '지적장애'로 점차 대체됐다. 이렇게 여러 법률에서 다양하게 사용됐던 '정신지체'라는 용어를 단계적 '지적장애'로 바꿔오다가, 이번 개정을 통해 법전에서 완전히 사라졌다.

이런 변화는 전 세계적으로 먼저 일어났는데, 정신지체(Mental Retardation)

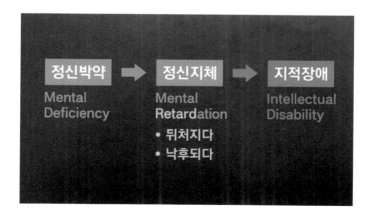

라는 말 자체가 'retard' 즉 '뒤처지다', '낙후되다'라는 뜻에서 온 차별적 용어이기 때문이다. 그래서 전문가들 사이에서는 바꿔야 한다는 얘기가 진작부터 제기돼 왔다.

대구대 사회복지학과 조한진 교수는 낙인효과가 있는 용어라고 지적했다. '정신지체'가 지체되었다는 의미로, 객관적인 용어가 아니라 개인의 결함에 초점을 맞춘 용어이기 때문에 문제라는 것이다. 가능하면 장애인에게 부정적이거나 낙인효과가 있는 용어, 혹은 '손상'에 초점을 맞추는 용어를 사용하지 말아야 한다는 게 전문가들의 공통된 지적이었다.

_____'장애우'라는 표현은 장애인을 타자화시킨다?

그동안 '바꾸자'고 했지만 여전히 부적절하게 쓰이고 있는 용어들도 많다. 최근 한 보건소에서 발급한 문서를 보면 '농자, 아자, 맹자'라는 표현을 사용하고 있었다. 청각장애인과 언어장애인, 시각장애인이라고 해야 하는데 여전히 적절하지 않은 용어를 공식적으로 사용하고 있는 것이다.

장애인 비하 의미가 있다고 해서 법제처와 장애인 단체가 2014년부터 함께 바꾸기로 한 법률 용어들을 보면, 간질병자는 뇌전증환자, 불구자는 신체장애인이라고 하는 게 올바른 표현이다. 하지만 워낙 여러 법률에 예전 용어들이 들어가 있다 보니, 일일이 개정을 하지 못해 여전히 남아 있는 경우가 많다. 점진적인 법 개정이 필요한 이유다.

그런데 이런 경우와는 좀 다른 측면에서 부적절하게 쓰이고 있는 용어가 '장애우'라는 표현이다. '장애우'라는 단어는 친근하게 배려한다는 의미

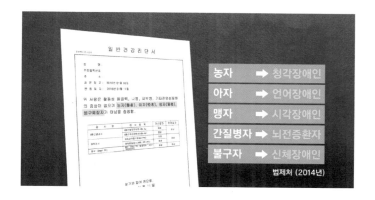

농자	➡ 청각장애인
아자	➡ 언어장애인
맹자	➡ 시각장애인
간질병자	➡ 뇌전증환자
불구자	➡ 신체장애인

법제처 (2014년)

로 자주 쓰이지만, 오히려 장애인 당사자들은 이런 표현을 좋아하지 않는다.

그 이유를 짚으려면 단어의 기원을 살펴볼 필요가 있다. 1980년대까지만 해도 폭넓게 쓰이던 용어가 '장애자'였다. 그러다 1989년 이후 법 개정을 통해 '장애인'이 공식적으로 쓰였는데, 비슷한 시기에 '벗 우(友)' 자를 쓰는 '장애우'라는 말도 등장했다. 각종 공익 포스터나 방송에서도 자주 쓰였다.

하지만 장애인 단체들은 이 표현을 쓰지 말아달라고 요청한다. 장애인차별철폐연대 박김영희 사무총장에 따르면 '장애우'라는 표현은 장애인을 타자화시키는 효과가 있다고 한다. 용어가 가지는 의미는 사회적으로 그 집단이 어떤 위치에 놓여 있는지를 보여주는 것이라고 할 수 있다. 장애인은 자신의 존재를 분명히 밝히고 '장애를 가진 사람'으로서의 정체성을 가지길 원한다. 그런데 '장애우'라는 표현에는 항상 도움이 필요한 대상이라는 전제가 깔려 있고, 또 그런 선입견을 줄 수 있다는 지적이다.

누군가를 지칭하는 용어를 결정하는 가장 중요한 기준은 불리는 당사자들에게 어떻게 받아들여지느냐 하는 점이다. 하지만 여전히 언론지상에는

미국 스페셜올림픽 버지니아

"용어를 바꾼다고 해서
장애인의 지위가 갑자기
상승하는 것은 아니다.
그러나 오히려 지위를 떨어뜨리고
장벽과 고정관념을 만든다면
바꿔야 한다"

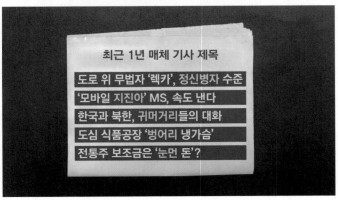

최근 1년 매체 기사 제목

도로 위 무법자 '렉카', 정신병자 수준

'모바일 지진아' MS, 속도 낸다

한국과 북한, 귀머거리들의 대화

도심 식품공장 '벙어리 냉가슴'

전통주 보조금은 '눈먼 돈'?

무신경하게 관성적으로 장애와 관련된 표현들이 쓰이고 있다. '모바일 지진아 MS, 속도 낸다', '도심 식품공장, 벙어리 냉가슴', '한국과 북한, 귀머거리들의 대화'. 굳이 장애용어를 쓰지 않아도 될 제목들에 차별적 인식이 버젓이 숨어 있다. 이런 인식이 어쩌면 법 개정보다 시급하게 고쳐야 할 문제일지도 모른다.

"용어나 표현이 뭐 그렇게 중요하냐"라고 쉽게 넘겨버릴 수도 있다.

하지만 미국 한 장애인 단체의 이야기에 귀 기울일 필요가 있다. "용어를 바꾼다고 해서 장애인의 지위가 갑자기 상승하는 것은 아니다. 그러나 오히려 지위를 떨어뜨리고 장벽과 고정관념을 만든다면 모두가 나서서 바꿔야 한다."

✚ 방송 후 한 시청자로부터 이메일이 왔다. 장애인 픽토그램을 교체하는 운동이 진행중인데 팩트체크에서도 바뀐 것을 사용했으면 좋았을 것이라는 지적이었다.

과거 마크   바뀐 마크

과거에 쓰이던 것(왼쪽)은 누군가에게 손을 뻗어 도움을 요청하는 수동적인 모습이고, 바뀐 것(오른쪽)은 스스로 바퀴를 굴리며 나아가는 능동적인 모습이다. 팩트체크 역시 무신경하게 관성적으로 취재에 임했던 것은 아닌지, 반성하게 되는 대목이었다.

취했으니 봐주자?
음주 범죄 감형은 당연한가

세계보건기구(WHO) 조사 결과에 따르면
2014년 한국의 알코올 소비량은 세계 15위로,
아시아에서는 독보적인 1위를 지키고 있다.
전 세계 15세 이상 인구 1인당 연간 알코올 소비량은 6.2리터인데,
한국은 2배에 해당하는 12.3리터를 소비한다.

술을 좋아하고, 또 많이 마시는 나라이다 보니
음주와 관련된 범죄도 자주 일어난다.
폭행이나 강간 같은 강력 범죄는 물론이고,
성추행이나 성희롱 같은 범죄도
술자리에서 종종 볼 수 있다.

게다가 "그러려던 게 아니라 취해서 그만…"이라는 식의
핑계가 쉽게 받아들여지는 문화도 문제다.
실제 범죄 관련 기사에서도
'만취로 인한 정상 참작'이라는 용어가 자주 등장한다.

그렇다면 이런 '음주 감경'은 왜 나타나고,
실제로 어느 정도나 영향을 미치고 있을까.

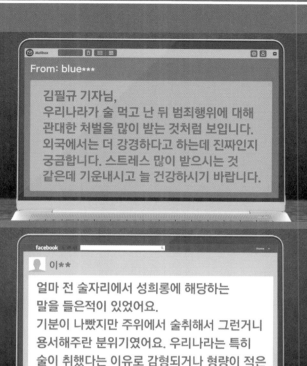

From: blue★★★

김필규 기자님,
우리나라가 술 먹고 난 뒤 범죄행위에 대해
관대한 처벌을 많이 받는 것처럼 보입니다.
외국에서는 더 강경하다고 하는데 진짜인지
궁금합니다. 스트레스 많이 받으시는 것
같은데 기운내시고 늘 건강하시기 바랍니다.

이★★

얼마 전 술자리에서 성희롱에 해당하는
말을 들은적이 있었어요.
기분이 나빴지만 주위에서 술취해서 그런거니
용서해주란 분위기였어요. 우리나라는 특히
술이 취했다는 이유로 감형되거나 형량이 적은
경우가 많은데 외국도 그런지 궁금합니다.

연말연시, 술자리가 많은 시기가 되면 팩트체크 팀에 술 취한 상태에서 저지른 범죄에 대한 문의가 많아진다.

"김필규 기자님, 우리나라가 유독 술 먹고 난 뒤 범죄행위에 대해 관대한 처벌을 받는 것 같습니다. 외국에선 더 강경하다고 하는데 진짜인지 궁금합니다."

"얼마 전 술자리에서 성희롱에 해당하는 말을 들은 적이 있습니다. 기분 나빴지만 주위에서는 술 취해서 그런 거니 용서해주란 분위기였습니다. 우리나라가 특히 술에 관대한 것 같은데 외국도 그런지 궁금합니다."

이렇게 이메일과 SNS를 통해 접수되는 제보들을 보면 공통적으로 음주 상태에서의 범죄에 우리나라가 유독 관대한 것 같다는 의견이 많았다. 소위 말하는 '주취 감경'에 대한 논란 때문이다.

주취 감경에 대한 법적 근거는 형법 제10조 2항 '심신장애'에 대한 항목이다. '심신장애로 인하여 사물을 변별할 능력이 없거나 의사를 결정할 능력

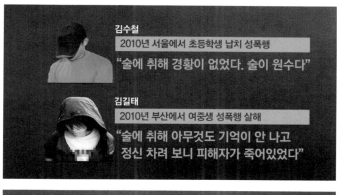

이 미약한 자의 행위는 형을 감경한다'라고 되어 있다. 이 항목은 음주로 인

해서 취한 상태인 사람만을 대상으로 한 것이 아니다. 원래의 입법 취지는 장

애나 정신질환 등으로 인해 제대로 된 판단을 할 수 없는 사람을 대상으로 한

것이지만, 만취 상태 역시 자기가 무슨 행동을 하는지 알 수 없는 일종의 심

신장애 상태로 간주해 감형을 해주는 경우가 있다.

물론 취했다고 해서 무조건 다 봐주는 게 아니라 3항에 단서조항을 달

아놨다. 일을 저지르겠다는 생각으로 일부러 술 마셔 심신장애 상태에 빠진

경우는 제외한다고 못 박았다.

그러나 일부러 마셨는지, 의식을 잃을 정도로 마셨는지, 판단 기준에 개인차가 있기 때문에 악용될 가능성에 대한 우려가 높다. 실제로 그동안 많은 흉악범들이 경찰에 잡힌 후 술을 핑계 삼고는 했다. "술에 취해 경황이 없었다. 술이 원수다"라고 했던 성폭행범 김수철, "술에 취해 아무 기억이 안 난다"라고 했던 납치살해범 김길태가 대표적인 경우다.

_____음주 범죄에 대해 관대한 문화, 이제 끝나가나?

실제로 2009년 대법원 양형위원회에서 조사한 결과, 강간상해 및 치상죄의 경우 '음주를 하지 않았을 때' 평균 형량이 31개월, '만취했을 경우' 26개월로 나타났다. 법원에서도 술 마시고 저지른 범죄에 대해선 어느 정도 정상 참작을 해준 경향이 있었던 것이다.

하지만 그동안 강력 성범죄 사건이 크게 주목받으면서, 사회적 인식이나 법원의 판결 경향에도 많은 변화가 일어났다. 형사사건을 많이 맡았던 변호사들에게 문의한 결과, 음주 범죄에 대해 관대한 문화는 이제 찾아보기 어렵다는 답변이 많았다.

김경진 변호사는 "음주 상태에서 범행했다고 해서 형을 깎아주던 과거의 관행에 대해 사회적 비난이 크게 대두되면서, 법원에서 그 부분에 대한 반성적 고려를 통해 더 이상 음주 감형을 당연시하지 않는 문화가 정착됐다"라고 말했다. 최근 4~5년 사이에는 음주를 했다는 이유로 형을 감경해주는 경우가 거의 없어졌다는 게 김 변호사의 결론이었다.

법원의 반성적 고려를 이끌어낸 결정적인 계기는 일명 '조두순 사건'이었다. 초등학생을 납치, 성폭행한 조두순이 여론의 흐름에 비해 훨씬 약한 형량을 선고 받으면서 강력한 반발을 불렀다. 처음에는 무기징역이 구형됐지만 조두순이 만성 알코올 중독자인 데다 범행 당시에도 만취 상태였던 점이 양형에 감안되면서 12년형으로 확정이 됐다.

여론이 들끓자 대법원 양형위원회는 검토와 토론을 거쳐 2012년 만취 상태 범죄에 대한 감경 기준을 강화했고, 국회도 2013년 성폭력특례법을 개정해 음주로 심신장애 상태였다고 해도 성폭력 범죄를 저질렀다면 감경해줄 수 없다고 못 박았다.

물론 음주에 의한 감형이 완전히 사라진 것은 아니다. 종종 '술에 취해서 우발적으로 저지른 일이다'라면서 정상 참작하는 판결들이 보도되고, 그때마다 다시 논란이 반복되곤 한다. 양형 기준이 강제성이 있는 게 아니라 중요 참고사항일 뿐이어서, 결국 재판부의 최종적 판단에 따라서 판결이 내려지기 때문이다. 그래서 아직 일반적 인식과 판결 사이에 시차가 있다는 지적이 나온다.

하지만 이러한 분위기가 계속해서 약해지거나, 사라지고 있는 추세인 것은 확실하다. 성폭력 범죄와 관련해 많은 재판에 참여했던 신진희 변호사는 "예전에 비해 만취 상태를 감경 사유로 보지 않는 분위기가 커진 것은 사실이다. 오히려 판결문에 '만취 상태였다는 피고인의 주장을 받아들이지 않는다'고 명시하는 경우도 많다"라고 말했다.

_____주취 감형에 대한 나라별 기준

이른바 주취 감형에 대한 기준은 나라마다 조금씩 차이가 있다. 일본이 우리와 비슷하게 만취자를 심신 상실, 심신 미약자로 봐서 형을 줄여주는 경우가 있고, 영국은 분위기가 달라서 만취 범죄에 대해 오히려 가중 처벌을 한 판례가 많다.

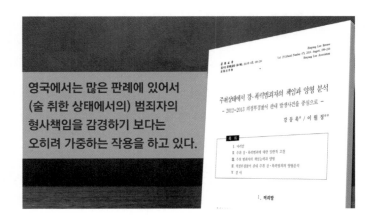

미국 역시 상당히 엄격한 모습인데, 미국에서 변호사로 활동한 김익태 변호사는 주취 감형이라는 것이 '거의 없다'고 단언하기도 했다. "어떤 범죄에서든지 본인의 자의적인 음주는 감형 사유가 안 된다. 원칙적으로는 감형 사유가 안 되기 때문에 미국 법원에서는 음주가 방어논리로 나오는 경우가 거의 없다"라고 밝혔다.

미국에도 음주를 감형 요소로 주장할 수 있는 몇몇 주가 있기는 하지만, 스스로 술을 마셔서 취한 자의적 음주의 경우에는 감형 요소로 보지 않는다. 실제 음주 감형을 주장하려면 거의 뇌에 이상이 있을 정도의 알코올 중독자라든지, 정신이상자 수준의 진단을 받았을 때만 가능해서, 현실적으로는 입증이 힘들다.

음주 범죄에 대한 인식은 국내에서도 많이 바뀌고 있고 실제 판결에도 반영되고 있다. 팩트체크 팀이 취재한 대부분의 변호사들도, 아무리 의뢰인이 음주를 이유로 내놓아도 실제 변호를 할 때는 이 내용을 주장하는 경우가 거의 없다고 거듭 강조했다. 주장해봐야 재판부에서 받아들이지 않기 때문이다.

그러니 술자리를 가지는 사람들은 예전처럼 '좀 취해도 봐주겠지'라고 생각했다는 큰 코 다치게 된다. 팩트체크 팀에 제보한 시청자 역시 '술 취해서 그런 거니까 용서해주자'고 말했던 사람들에게 "이제 더 이상 그런 분위기 아니다"라고 확실히 이야기해도 될 것 같다.

고속도로 통행료,
명절에는 면제 가능할까

고속도로는 '고속화 도로'다.
신호 대기 등이 없도록 설계되어 있어
빠른 속도로 도로를 이용할 수 있다.
막대한 예산을 들여 만드는 국가 기간시설이기도 하다.
때문에 고속도로를 이용하기 위해서는
일정한 통행료를 지불해야 한다.

그런데 명절 때만 되면,
'고속화 도로'라는 이름이 무색해진다.
하루 평균 400만 대가 넘는 자동차들이
귀성·귀경을 위해 한꺼번에 몰리면서(2016년 설 기준)
극심한 교통체증이 일어나기 때문이다.

명절 때만 되면 '저속도로'가 되어버리는 길.
이 때문에 고속도로 이용객들은
교통체증이 심한 명절에는
통행료를 받으면 안 된다고 주장하기도 한다.

제대로 이용할 수 없는 명절 고속도로,
통행료 면제도 가능할까?

광복절 임시공휴일 **내수진작 효과** 컸다

정부 임시공휴일 **경제효과 1.3조**

내수진작 즉효약은 임시공휴일?

임시공휴일 깨졌던 소비 살렸다

중국 국경절·춘절·청명절·노동절
등 4대 명절에
유료도로 통행료 면제

2015.9.23 홍왕

中秋高速免费又何妨?

중추절에도 고속도로 통행료 면제 못할 게 뭔가?

家规定的高速公路免费通行范围, 需要正常缴费, 国庆节高速免费, 国庆高速免费时间10月1日0
时~7日24时。 (9月23日《郑州晚报》)

中秋高速不免费, 让人有点失望。中秋节是一个国家团圆的节日, 不少人都有探亲计划, 如
果高速能够免费, 虽然省的钱有限, 却也能更好地"营造节日的氛围", 同时也更能体现人性化
的理念, 让老百姓这个节日过得更舒心。

명절을 앞둔 설문조사에서 남성들이 가장 걱정하는 1순위는 '교통체증'이라고 한다. 매번 3000만 명이 넘는 사람들이 '민족 대이동'을 벌이면서 귀성 전쟁이 일어나니, 어쩌면 당연한 일이다. 같은 거리라도 평소보다 몇 시간씩 더 도로 위에서 보내야 하고, 운전 피로는 물론이고 유류비·식대 등 추가적인 비용 부담도 생긴다.

명절을 앞둔 TV에서는 "꽉 막힌 고속도로가 주차장을 방불케 하지만 고향에서 기다리고 있을 가족 친지들의 얼굴을 떠올리면 짜증도 한순간에 사라집니다" 같은 의례적인 코멘트가 흘러나온다. 하지만, 그렇게 긍정적으로 생각하는 사람은 많지 않다. 오히려 "도로 구실도 못 하는 고속도로에서 통행료는 왜 받나" 하는 생각들을 할 수밖에 없다.

———— 중국과 대만은 명절 도로 이용료를 공제해준다?

실제로 명절 고속도로 통행료 면제를 꾸준히 주장해온 시민단체도 있다. 인권연대 오창익 사무국장은 "도로 건설을 위해 세금을 부담한 국민을 위한 서비스가 필요하다"라고 주장했다. 똑같이 세금으로 건설된 국도와 지방도 등 하위 도로는 무료로 이용할 수 있는데, 제 기능을 하지 못하는 고속도로라고 무료화하지 못할 이유가 없다는 주장이다. '특별한 서비스'를 받아야 '특별한 요금체계'를 따를 수 있다는 일종의 '사용자 부담 원칙'이다.

우리와 비슷한 명절 문화를 갖고 있는 나라들에서는 실제로 명절 도로 이용료를 면제해주는 경우가 있다. 중국과 대만이 그렇다.

중국은 2012년 8월부터 내수 경기 진작 차원에서 국경절을 비롯한 춘절, 청명절, 노동절 등 4대 명절 기간에 고속도로를 포함한 유료 도로의 통행료를 면제하고 있다. 이러한 조치 이후 고속도로 이용자가 폭증하는 문제도 있었지만, 한국과 비교해 중국의 통행료가 워낙 비싼 편이어서 대부분 운전자들은 여전히 반기고 있다. 일부 중국 매체에서는 4대 명절에 포함 안 되는 이번 중추절에도 이 조치를 적용해달라는 목소리가 나오고 있다고 보도할 정도다.

⎯⎯⎯⎯국회와 정부의 움직임은?

고속도로 통행료를 면제할 경우, 그렇잖아도 심각한 명절 교통체증이 중국의 사례처럼 더욱 심해지는 것은 아닐까? 그러나 실제 적용됐을 때의 부작용은 크지 않을 것이라는 전문가들도 많았다. 어차피 귀성하는 사람과 차량의 숫자는 정해져 있고, 그들이 이미 대부분 자가 차량을 이용하고 있기 때문에 늘어나게 될 차량이 많지 않을 것이라는 이유였다.

전문가들은 2015년 8월 14일 광복절 연휴 임시공휴일 지정 때의 경우

고속도로 명절 통행료 면제 관련 법안

유료도로법
일부 개정

유료도로법
일부 개정

유료도로법
일부 개정 법률안

상임위 계류·폐기

한국도로공사 부채

22조
9000억

26조
5000억원

2010 2014년

자료: 한국도로공사

를 예로 들었다. 연휴로 인한 내수 진작 효과를 극대화하기 위해 전국 고속도로 통행료를 면제했는데, 당시 전국 교통량이 500만 대 정도로 2014년 추석과 비슷한 수준이었다. 그런데 무료 조치에도 불구하고 고속도로 정체가 심하지 않았다는 평가가 나왔다.

영산대 교통공학과 최양원 교수는 명절 때 10명 중 8명이 자가 차량을 가지고 이동하는 현실을 지적했다. 아무리 이용료를 많이 받아도 차를 가져오는 사람은 가져올 수밖에 없다는 것이다. 명절 선물도 챙겨야 하고, 여러 친척 집을 들러야 하는 등 추가적인 이동 소요가 있어서, 차량이 필수적인 경우가 많기 때문이다. 따라서 최 교수는 명절 이용료를 무료화한다고 해서 고속도로 교통량이 더 많아지지는 않을 것이라고 확신했다.

게다가 최근에는 실시간으로 교통 상황을 알 수 있는 내비게이션 서비스가 보급되면서, 국도로 교통량이 분산되는 효과도 빠르게 나타난다. 중국처럼 고속도로에만 차량이 몰리진 않을 것이라는 전망이 나오는 이유다.

명절에 통행료를 면제하는 조치를 정례화하려면 법 개정이 필요하다. 실제로 여러 차례 유료도로법 개정안이 발의되는 등 국회 내 움직임도 있었다. 명절 동안 아예 통행료를 안 받거나, 정체가 심해 평소보다 소요시간이 2배 이상 걸리면 감면해주는 방안, 일부 오래된 고속도로는 이미 통행료로 건설비를 다 회수했으니 통행료를 면제하자는 등의 법안이 제출된 바 있다.

하지만 해당 상임위에서는 "그럴 경우 한 해 도로공사 수입이 700억 원이나 준다. 오래된 도로라도 계속 돈을 받아야 보수를 하고 신규 투자를 해야 하니 신중하게 생각할 일"이라는 검토 보고서를 냈고, 법안들은 결국 상임위를 통과하지 못했다.

결국 비용 문제 때문에 힘들다는 게 정부와 관련 당국의 입장이다. 고속도로 운영을 담당하는 한국도로공사는 2014년 8월 14일을 제외하고는 통행료 면제가 지금껏 없었다는 점을 강조했다. 이 경우는 상당히 예외적인 상황으로, 명절 통행료를 면제하면 오히려 도로공사 재정이 더 악화되고 다른 교통정책들이 묶일 수 있다는 설명이었다. 그렇잖아도 26조 원 규모의 막대한 빚을 지고 있는 도로공사 입장에선 명절 수입을 포기하는 게 쉽지 않은 것도 사실이다.

2014년 광복절 임시공휴일 당시, 정부는 유례없는 통행료 면제 조치를 하면서 상당한 경제효과를 거뒀다고 대대적으로 홍보한 바 있다. 내수 경기 진작, 관광 소비 증진, 획기적인 발상 등 현란한 미사여구가 동원되었다. 경제효과도 있고, 국민 복지에도 도움이 되는데 '정례적인 면제'만 안 된다면, 그런것인지에 대한 좀 더 설득력 있는 설명이 필요해 보인다.

중국발 미세먼지 피해,
배상받을 수 있을까

'미세먼지 나쁨' 예보가 나오면
반도체나 디스플레이 공장에는 비상이 걸린다.
공정 자체가 매우 예민하다 보니
아무리 철저히 차단을 하고 있다 하더라도
틈새를 파고 들어와 오류를 일으킬 수 있기 때문이다.

관광산업에 종사하는 이들 역시
시도 때도 없이 들이닥치는 미세먼지가
나들이객의 발목을 붙잡으니
원망스럽긴 마찬가지.

천식 환자의 경우 일상생활에 지장을 받는 것은 물론,
심한 날은 자칫 목숨까지 위협받을 수 있다 .

이처럼 피해가 막심하다 보니
중국에 뭔가 배상을 요구해야 한다는 목소리,
배상까지는 아니더라도 정부 차원에서
최소한 항의라도 해야 되는 게 아니냐는 이야기가 나온다.

과연 중국 하늘에 책임을 지우는 일이 가능할 것인가.

베이징, 열흘 만에 또 스모그 적색경보

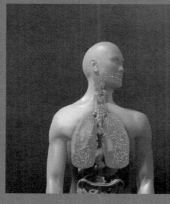

초미세먼지 농도 5㎍/㎥ ⬆
폐암 발생 위험 18% ⬆
영국 의학전문지 랜싯

미세먼지 농도 10㎍/㎥ ⬆
기형아 출산 확률 16% ⬆
이화여대 병원

안구건조증, 치매,
동맥경화 유발 가능

1930년대 캐나다 트레일 지역의 제련소에서 납과 아연을 만드는 과정에서 다량의 아황산가스가 뿜어져 나왔다. 이 아황산가스는 국경을 넘어 인접한 미국의 과수 농장을 덮쳐 큰 피해를 입혔다. 해당 농장은 캐나다 제련소를 상대로 소송을 냈는데, 두 차례 중재 재판 끝에 피해액을 배상해주라는 판결이 나왔다. 국경을 넘어선 환경 문제에 대한 거의 첫 판례였다.

비슷한 경우가 최근 동남아시아에서도 있었다. 인도네시아에서는 돈 되

2014년
인도네시아 화전 기업, 헤이즈(연무) 유발
싱가포르, 초국경 헤이즈 오염법 제정

는 펄프 나무 등을 심기 위해 기존 삼림을 불태우는 일이 많은데, 이로 인해 바로 이웃인 싱가포르에선 '헤이즈'라는 심각한 대기오염에 시달려야 했다. 결국 2014년 싱가포르에선 이런 인도네시아 회사들에게 배상을 청구할 수 있도록 하는 '헤이즈 오염법'을 만들었다. 현재 국제법적으로도 '스톡홀름 선언'과 '리우 선언'을 통해 각 나라에는 다른 나라 환경에 피해를 주지 않을 책임이 있다고 규정하고 있다.

_____'중국발' 미세먼지는 정말 중국발인가

이런 사례를 두고 중국발 미세먼지와 관련해서 한국 정부도 소송을 할 수 있지 않겠느냐는 이야기가 나오는데, 사실 국제법상 규정이 명확한 것은 아니다. 책임을 규정해놓고 있다고 하지만 어떻게 책임을 질지에 대해서는 정해지지 않았다. 또 미세먼지의 경우는 앞서 언급된 분쟁 사례들과 다른 면이 있다. 서울 하늘을 뒤덮고 있는 미세먼지가 국내에서 발생한 것인지, 중국에서

날아온 것인지 구분이 쉽지 않다는 것이다. 박오순 변호사는 "몇 %가 중국에서 온 미세먼지인지 알 수 있는 방법이 없다"라면서 "기후와 관련된 통계가 명확히 관리가 돼야 하고 신체적 영향도 의학적으로 관찰된 보고서가 있어야 책임을 물을 수 있을 것"이라는 의견이다.

앞서 캐나다와 인도네시아의 경우에는 오염물질이 어느 공장, 어느 농장에서 나왔는지 확실히 알 수 있는 상황이었지만, 중국발 미세먼지의 경우는 이와 다르다는 이야기다. 게다가 중국은 지금 언론을 통해 "한국 매체들이 모두 스모그를 '중국에서 온 것'이라 하고 있지만 모호한 측면이 있다. 중국 정부는 단 한 번도 한국의 스모그가 중국에서 온 것이라고 공식 인정한 적 없다"라는 입장을 전하며 맞서고 있다. 스스로 인정을 하지 않는 상황에서 국가 간 배상을 요구하기는 쉽지 않은 것이다.

피해를 입은 개인이 중국 정부를 대상으로 직접 소송을 거는 방법도 생각해볼 수 있다. 실제 중국에서 2015년 2월 허베이성에서 천식을 앓고 있는

이영기 변호사

"국내 대법원에서도
미세먼지로 인한
피해의 인과관계를
인정하지 않고 있다.
따라서 중국에서도
인정하지 않을 것"

한 시민이 정부를 상대로 소송을 낸 적이 있다. 아직 결과가 나오진 않았지만 당국이 스모그를 통제할 법적 책임을 다하지 않았으니 배상을 하라는 주장이었다. 그러니 국내에서도 미세먼지 피해자가 중국 정부를 대상으로 손해배상 청구를 하는 게 이론적으로는 가능하다. 하지만 실제 배상을 받아낼 수 있을지에 대해선 많은 전문가들이 회의적으로 본다. 피해자가 겪는 호흡기 질환의 원인이 무엇이었는지 밝혀야 하는데, 역학조사를 통해 중국발 미세먼지 탓이라는 결론을 내리기 쉽지 않기 때문이다.

미세먼지 피해자 관련 소송을 진행해온 이영기 변호사는 "미세먼지로 인해 어떻게 기관지 질환과 천식이 발병하고 악화되는지에 대해 상관 관계를 명확하게 밝힌 연구가 부족하다"라고 이야기했다.

국내 대법원에서도 아직 미세먼지가 질병을 일으켰다는 인과 관계를 인정하지 않고 있다. 이런 면에서도 중국발 미세먼지 탓에 건강상 피해를 봤다며 중국 정부에 소송을 내도 이기기 힘들 거란 이야기가 나온다.

여론이 악화되면서 우리 정부는 중국 정부와 협의를 시작했다. 하지만 법적인 조치까지는 쉽지 않을 거라는 게 환경부 관계자의 이야기다. "국경을 넘어오는 오염 자체가 다른 나라에 책임을 떠넘겨 해결할 수 있는 일이 아니다. 다른 지역에서는 한국이 가해자가 될 수도 있는 입장이니 서로 양해하며 협력 관계를 강화시키는 선에서 풀어가야 한다"라는 설명이었다. 환경법 전문

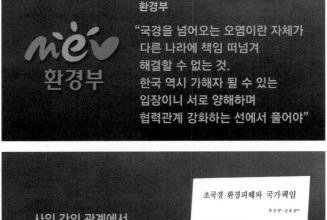

가들 역시 '개인 간에서와 마찬가지로 국가 간에도 소송이란 건 최후의, 극단적 수단'인 만큼 피하는 게 좋다는 의견이었다.

당장 건강을 위협받고 있는 국민들 입장에서는 만족스러운 대답일 수 없다. 초미세먼지는 호흡기의 가장 깊은 곳, 허파꽈리를 통해 혈관까지 들어가기 때문에 치명적이다. 많이 노출되면 폐암 발생 위험이 높아져 국제보건기구(WHO)가 1급 발암물질로 규정해 놨다. 또 기형아 출산 확률이 높아지고 치매, 동맥경화도 유발할 수 있다는 점도 밝혀져 있다. "아직 조사가 진행 중이다", "중국과 공동 대책을 마련하고 있다"라는 정부의 답변만 되풀이되고 있는데, 그 결과가 제대로 나올 때쯤이면 이미 너무 늦은 건 아닌지, 불안감 역시 커질 수밖에 없는 상황이다.

떠오르는 드론,
어디까지 비행 가능한가

2015년 여름, 한국의 한 방송사가
이탈리아 밀라노에서 드론을 날리다가
두오모 성당에 충돌시키는 사고를 냈다.

500년 이상 된 유적을 파손한 것도 문제였지만
성당 주변이 모두 드론 비행 금지구역인데
이를 무시한 점도 논란이 됐다.

드론이 일반화되면서
방송사뿐 아니라 일반인, 어린이들까지도
드론을 날리고 있는데

이렇게 아무 곳에서나 날려도 되는지
사고 위험은 없는지,
사생활 침해 우려는 없는지,
커지는 궁금증을 관련 제도가
따라가지 못하는 모습이다.

드론과 관련한 모든 의문들,
선제적으로 풀어본다.

조종자 준수사항
항공법 23조, 시행규칙 68조

비행금지구역(서울 도심 상공 일부)
➡ 국방·보안상의 이유로
   비행이 금지된 곳

과태료 200만원

드론(Drone). 사전적으로는 '사람이 타지 않고 무선전파의 유도에 의해서 비행하는 비행기나 헬리콥터 모양의 비행체'를 말한다. 군사용으로 개발됐던 드론이 상용화되면서 이제는 방송국이나 산업 현장, 일반인들의 취미 레저용으로까지 폭넓게 쓰이고 있다.

국내에서 드론의 종류는 기본적으로는 무게를 기준으로 나눈다. 12킬로그램이 넘는 대형 드론은 지방항공청에 신고한 뒤 사용해야 하고 그 이하의 상업용·취미용 드론은 신고 없이 일반적으로 사용할 수 있다.

_____두오모가 안 되면 경복궁도 안 되나?

한국의 한 방송사가 드론을 날리다 충돌 사고를 낸 이탈리아 밀라노의 두오모 성당 주변은 드론 비행 자체가 금지돼 있다. 유적을 보호하기 위한 조치로, 비행 촬영을 하려면 특별한 허가를 받아야 한다. 그렇다면 우리의 경우 고궁 같은 유적지에서의 드론 비행은 어떨까?

경복궁에서의 비행 촬영 역시 밀라노에서와 마찬가지로 불법이다. 다만 이것은 밀라노와 달리 문화재를 보호하기 위해서가 아니다. 인근 주요 기관에 대한 보안 차원이다. 국내 항공법상 청와대나 정부 청사 등 주요 기관이 있는 서울 도심 상공은 비행금지구역으로 정해져 있다. 이 기준에 따르면 서울 한강 이북에선 거의 전 지역에서 드론을 날릴 수 없고, 그 주변 지역이나 김포공항 근처도 사전 승인을 받아야 하는 제한구역이다. 경기 북부지역도 휴전선과 인접하고 있어 비행금지구역으로 설정돼 있다. 이렇다 보니 수도권 지역의 지도를 펼쳤을 때 드론을 날릴 수 있는 곳을 거의 찾기 힘들 정도다.

드론 동호인들의 불만이 쌓이자 수도방위사령부에서는 가양대교 북단과 양천구 신정교 일대, 강동구 광나루 한강공원, 서울외곽순환도로 별내IC 부근 등 수도권 4곳에서 드론을 날릴 수 있도록 허가를 했다. 전국적으로 보면 18곳 정도가 드론 비행이 가능한 구역으로 돼 있다.

_____도심의 아름다운 야경, 누구나 드론으로 찍을 수 있나?

유튜브 같은 동영상 사이트에 가 보면 파리와 로스앤젤레스 등 각 도시의 야경을 드론으로 찍은 영상을 볼 수 있다. 예전 같으면 고층 건물 옥상에서 찍은 야경이 전부였겠지만 이제는 드론을 활용해 새로운 각도로, 동적으로 찍은 야경이 인기를 끌고 있다. 하지만 국내에서는 이런 야경을 찍겠다고 밤에 드론을 띄우는 순간, 범법자가 될 수 있다.

　2015년 4월, 실제로 한 20대 남성이 한강의 야경을 찍기 위해 오후 9시에 드론을 띄웠다가 항공안전감독관에게 붙잡혀 과태료 200만 원을 내야 했다. 어두운 환경에서는 조종자의 시야가 확보되지 않아 안전상의 이유로 국토교통부가 야간 드론 비행을 금지하기 때문이다. 물론 낮 시간이라 하더라도 조종자의 시야를 벗어나는 범위까지 드론을 날리는 것은 금지돼 있다. 또 특별히 허가된 경우가 아니라면 공연장이나 경기장 등 사람이 많이 모인 곳에서 드론을 띄우는 것도 안전을 이유로 할 수 없게 돼 있다.

　드론과 관련해 제기되는 또 다른 문제는 사생활 침해다. 실제 외국에서는 누군가 누드비치에 드론을 띄워 촬영한 영상이 퍼지면서 논란이 되기도 했다. 국내에서도 아파트 같은 곳에 드론을 몰래 띄워 사진을 찍을 경우 사생활 침해 문제가 생길 수 있다. 하지만 현재 이에 대한 명시적 규정은 없고, 개인정보보호법이나 민법 조항으로 개별 판단해야 하는 상황이다. 새롭게 개발된 기술이다 보니 적합한 제도가 이를 따라가지 못하는 측면도 있는 것이다.

　전 세계적으로도 드론에 관한 제도는 조금씩 다르다. 프랑스나 오스트리아의 경우 가벼운 상업용 드론은 다른 사람 사진을 찍어 공개하지 않는 이

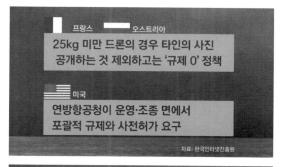

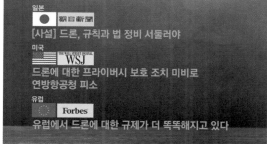

상 정부가 간섭하지 않는 '규제 0(제로)' 조치를 취하고 있다. 반면 미국 연방
항공청은 '낮에만 날려라', '맑은 날에 날려라', '자격증을 따라'는 등등 규제가
엄격한 편이다. 이와 비교해 국내에서는 "그동안 과거에 있던 항공법에만 의
존했으며 아직 트렌드에 맞춰 제도가 정리돼 있지 않은 편"이라는 게 오승환
경성대 교수(드론프레스 대표)의 지적이다.

지금 우리 국회에서도 드론 관련 입법화 작업이 한창이다. 안전을 잘 지
키면서도 또 드론 산업의 발목을 잡는 지나친 규제가 되지 않도록 현명한 판
단이 필요한 시점이다.

강남구 '특별자치구 분리 주장' 과연 가능할까

미국 서부 최고의 부촌인 베벌리힐스.
지도상 로스앤젤레스시에 둘러싸여 있지만
행정구역상 별도의 시로 독립해 있다.
독자적인 교육시스템에 별도의 경찰, 소방서까지.
세금도 따로 혜택도 따로 하겠다며
1959년 로스앤젤레스에서 떨어져 나온 것이다.

그런데 지금 서울 강남구에서
같은 움직임이 감지된다.
서울시와의 갈등을 빚던 강남구청장이
"이럴 거면 차라리 서울시에서 추방시켜달라"라고
요구한 것.

강남구민이 낸 세금은 강남구민을 위해서만 쓰이고
독자적으로 학교를 운영하며
독자적으로 치안을 유지하는
이른바 '강남특별자치구'

과연 가능한 것일까?

↳ @Plan***
강남지역 지하철 무정차 통과를 하면 어떨까?

↳ @ath***
강남구 벗어나면 택시 '시외할증' 붙어도 되나?

↳ 청**
전기 끊고 강남구 내에 발전소 지으세요

리치포비아(Richphobia)
부자들에 대한 혐오

서울 강남구청 홈페이지에 게시된 문서 하나가 크게 화제가 됐다. '서울시장님께 드리는 공개 질문'이란 제목으로 강남구청장이 쓴 공개질의서. 내용은 "서울시가 '강남특별자치구' 설치를 중앙에 건의해 아예 강남구를 시에서 추방시켜달라"라는 것이었다.

야당 출신의 박원순 서울시장과 여당 출신의 신연희 강남구청장은 취임 초기부터 마찰을 빚어왔다. 소속 정당 차이로 인한 광역자치단체장과 기초자치단체장 간의 갈등이 비단 이번만은 아니지만, 아예 기초단체가 호적을 파서 나가겠다고 으름장까지 놓은 것은 이례적인 일이다. 특히 예산이나 각종 지원 면에서 '을'의 위치에 있을 수밖에 없는 기초단체가 이런 제안을 하기는 쉽지 않다. 소식을 접한 사람들 사이에선 "역시 강남구"라는 반응, 또 "혼자만 잘 살겠다는 거냐"라는 비아냥이 섞여 나왔다.

특별자치단체 되기 위해선 관련 법 제정 필요

서울시와 강남구 간에 곪아 있던 갈등이 터진 것은 삼성동 한국전력 부지 문

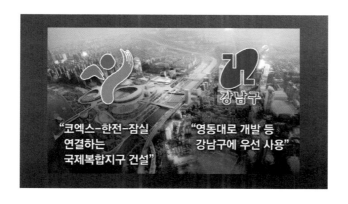

제 때문이었다. 현대차는 한전 부지를 낙찰 받으면서 서울시에 공공기여금 1조 7000억 원을 내기로 했다. 서울시는 이 돈을 잠실종합운동장을 포함한 이 일대 개발에 투입하겠다는 계획을 내놨는데, 잠실운동장 쪽은 강남구가 아니라 송파구다. 그러자 강남구에선 강남땅을 팔아 번 돈이니 영동대로 개발같이 강남구를 위해 우선적으로 써야 한다고 맞섰다. 게다가 관련 협상에서 강남구가 배제된 점도 문제가 있다며, 아예 강남특별자치구로 떼어내 달라는 이야기까지 나오게 된 것이다.

지방자치단체가 특별자치를 인정받은 선례는 있다. 현재 제주특별자치도와 세종특별자치시가 그렇다. 지방자치법상에도 관련 규정이 있어 '특정한 목적을 수행하기 위해 필요하면 특별지방자치단체를 설치할 수 있다'고 돼 있다. 하지만 그 종류에 '특별자치시'와 '특별자치도'만 있고 아직 '특별자치구'는 없다. 그러니 강남특별자치구가 생기려면 먼저 법을 개정하고 관련 시행령이 나와야 하는 상황이다. 이를 위해선 국회에서 여야 의원들 사이에서 공감대가 형성 돼 있어야 한다.

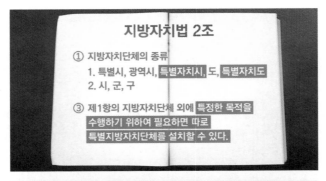

지방자치법 2조

① 지방자치단체의 종류
  1. 특별시, 광역시, 특별자치시, 도, 특별자치도
  2. 시, 군, 구

③ 제1항의 지방자치단체 외에 특정한 목적을
  수행하기 위하여 필요하면 따로
  특별지방자치단체를 설치할 수 있다.

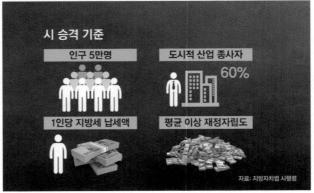

시 승격 기준

인구 5만명

도시적 산업 종사자 60%

1인당 지방세 납세액

평균 이상 재정자립도

자료: 지방자치법 시행령

　　제주도의 경우 2006년 '제주특별자치도 설치 및 국제자유도시 조성을 위한 특별법'이 제정됐다. 이 법에 따라 제주도 안에는 기초자치단체 없이 행정시만 존재하며 자치경찰이 치안을 담당한다. 고충석 제주국제대 총장은 "제주도는 국제자유도시라는 큰 과제를 수행하려면 기초자치단체의 영향을 받지 않고 능률적으로 업무를 추진할 필요가 있다는 공감대가 만들어져 있어 법까지 정해진 것"이라며 "지금 서울에서 벌어지고 있는 논란과는 전혀 상황이 다르다"라고 설명했다.

특별자치구가 되는 것이 힘들다면, 강남구를 아예 시로 승격시켜서 특별자치시로 가는 방법도 생각해볼 수 있다. 한 구가 시로 승격되기 위해선 몇 가지 조건이 있다. 인구가 5만 명이 넘어야 하고 도시적 산업에 종사하는 가구 비율이 전체의 60% 이상이거나 1인당 지방세 납세액이 일정 수준 이상이어야 하고 재정자립도도 평균 이상이어야 한다. 현재 강남구는 이 조건들을 모두 충족한다. 강남구의 인구는 58만 명이고 기타 농·어업에 종사하는 사람 0.3%를 제외하곤 모두 도시산업 종사자다.

하지만 시로 승격이 되느냐 안 되느냐를 판단할 때 결정적으로 보는 요건이 또 하나 있다. 바로 인근 구역과의 경계다. 그래서 이런 법 해석과 관련해 손정예 변호사는 "서울시와 강남구를 서로 다른 시로 분리할 경계로 보기 힘들다. 특별시가 바로 옆에 있는 상황에서 또 다른 특별자치시를 바로 옆에 만들긴 힘들 것"이라고 이야기한다.

_____오늘날의 강남, 누구의 노력으로 이룬 것인가

사실 강남구 하나만 떼어놓고 보더라도 웬만한 중소도시 이상의 경쟁력 혹은 경제력을 가지고 있다 보니 이런 이야기가 가능한 것이다. 보통 한 지자체가 얼마나 돈이 많은가를 볼 때 사용하는 척도가 재정자립도다. 그러니까 외부 도움 없이 스스로 벌어들이는 돈의 비율이 얼마나 되느냐 하는 것이다. 강남구의 경우 재정자립도가 60~70% 이상이고 몇 년 전에는 80%에 이르기도 했다. 서울에서 가장 재정자립도가 낮은 노원구의 20%와 비교하면 어마어마한 수치다.

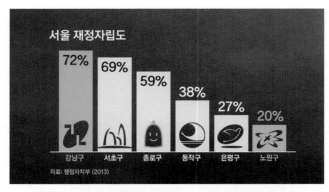

서울 재정자립도

72% 69% 59% 38% 27% 20%

강남구 서초구 종로구 동작구 은평구 노원구

자료: 행정자치부 (2013)

하지만 정말 강남특별자치구가 서울시의 도움 없이 단독으로 존재할 수 있을까. 현재 강남구로 들어가는 수돗물은 잠실 등에 있는 취수원에서 물을 끌어오고 있는 상황이다. 음식물 쓰레기의 경우에도 상당 부분이 강남 밖 서울시에서 운영하는 공공처리시설에서 처리하고 있다. 상당한 비용이 드는 공공 인프라를 다른 지역에 의존하고 있다.

특히 지금 강남의 위상이 순전히 강남구청, 강남구민들만의 노력으로 이뤄진 것이냐는 점은 생각해볼 일이다. 1960, 70년대 서울시 전체 차원, 심지어 국가 차원에서 개발을 진행하면서 공적 자원을 강남에 집중시켜 준 것인데, 이제 와서 '우리만 따로 살겠다'고 해서는 안 된다는 지적이 나온다.

실제 이 소식이 전해진 뒤 '서울 지하철이 강남에선 무정차하게 하자', '강남 사람들 택시 타고 시내 나오면 시외요금 징수하자'는 이야기들이 인터넷을 통해 쏟아져 나왔다.

논란이 커지자 강남구에선 다시 부랴부랴 자료를 내고 "서울시의 불통행정에 억울함을 호소하기 위해 꺼낸 이야기"라는 입장을 밝혔다. 홧김에 한 이야기이지 적극적으로 검토한 내용은 아니라는 해명인데, 공교롭게도 같은 날 강남의 아파트 단지 게시판에는 강남구청장이 서울시장에게 보내는 공개 질의서가 나붙었다.

실제 특별자치구가 되고 싶었던 건지, 아니면 단지 주민들에게 보여주기 위한 정치적 행동이었는지는 단정하기 힘들다. 하지만 불필요하게 부자들에 대한 혐오, '리치포비아'를 불러일으키고 갈등의 골을 키웠다는 점은 분명했다.

4장

무엇이 통설이고,
무엇이 팩트인가

문학 교과서가
'헬조선' 열풍 부추기나

'북조선 같은 데서, 적에게 잡혔다가 돌아온 사람의 처지가
어떠하리라는 것을 생각하고, 이명준은 자기한테 돌아온 운명을 한탄했다…
그렇다면? 남녘을 택할 것인가? 명준의 눈에는,
남한이란 게으른 즉자태였다…
실존하지 않는 사람들의 광장 아닌 광장인 것이었다.'

최인훈의 소설 《광장》의 한 구절이다.
'한국문학 100년 최고의 소설'로 꼽히며
대부분의 문학교과서에 실린 작품이다.

이 작품에 돌연 사상 검증의 칼을 들이댄 이들이 나타났다.
한국에 대한 부정적인 인식을 심어주고 공산주의를 미화했으며
주인공이 마지막에 자살하는 결말도 마음에 들지 않는다는 것.
그래서 교과서에서 빼야 한다는 주장이었다.

그 밖에도 청소년들에게 '위험하다'며
꼬리표를 붙인 작품이 모두 9개.

정말 이 작품들은 청소년들의 마음을 병들게 하는 것일까,
아니면 마음이 병든 이들이
이 작품들을 그렇게 보고 있는 것일까.

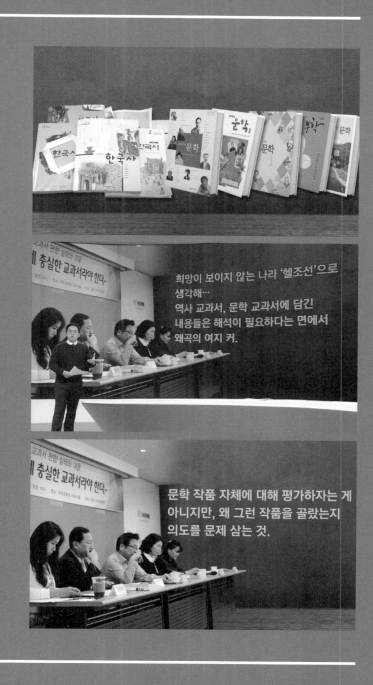

대한민국을 때 아닌 이념 논쟁으로 몰고 간 역사교과서 좌편향 논란. 결국 국
정화로 결정이 났지만 불똥이 또 다른 곳으로 튀었다. 자유경제원을 비롯한
일부 보수단체에서 역사 과목뿐 아니라 경제, 문학 등 다른 교과서에서의 편
향성도 심각하다고 문제를 제기하고 나선 것. 새누리당은 국회 헌정기념관
에서 '역사 바로 세우기' 포럼을 열고 이들을 초청해 이 문제를 공론화했다.

　　자유경제원 전희경 사무총장은 이 자리에서 "우리가 올바른 역사 세우
기를 위한 역사교과서 이야기를 하지만, 이것은 완성이 아니라 시작"이라면
서 운을 뗐다. 그러면서 "경제교과서, 문학교과서, 윤리교과서, 사회교과서
모두에서 대한민국을 일으켜 세운 기적의 힘은 사라지고 불평과 남 탓과 패
배감을 학생들에게 심어주고 있다"라고 주장했다.

_____문학교과서가 '헬조선' 현상 부추긴다?

그중 가장 심각한 문제로 지적한 게 문학교과서다. 이보다 한 달 앞서 열린 자
유경제원 토론회에서는 현행 문학교과서들에 메스를 들이댔다. 한 발제자가

"청소년들이 우리나라를 희망이 안 보이는 '헬조선'으로 생각하는데, 특히 문학교과서에 왜곡의 여지가 있어서 그렇다. 왜 그런 작품들을 골라서 넣었는지 의도에 문제가 있다"라고 발언했다.

그러면서 예를 든 것이 9개 작품인데, 그중 첫 번째가 최인훈의 소설《광장》이었다. 이 작품은 18종 교과서 대부분에 수록돼 있는데, 발제자가 특히 문제 삼은 것은 거제 포로수용소에 있던 주인공 이명준이 남한도 북한도 아닌 중립국 행을 택하는 마지막 부분이다. 이 과정에서 "남한이 게으름과 방탕한 자유가 있는 곳으로 묘사되는데, 고귀한 자유에 대한 왜곡 우려가 있으며, 남한이나 북한이나 다를 바 없이 살 만한 곳이 아니라는 생각을 심어줄 수 있다"라고 주장했다.

신경림의 시 〈농무〉도 비판 대상에 올랐다.

징이 울린다 막이 내렸다

오동나무에 전등이 매어달린 가설무대

구경꾼이 돌아가고 난 텅 빈 운동장

우리는 분이 얼룩진 얼굴로

학교 앞 소줏집에 몰려 술을 마신다

답답하고 고달프게 사는 것이 원통하다

(중략)

산 구석에 처박혀 발버둥친들 무엇하랴

비료값도 안 나오는 농사 따위야

아예 여편네에게나 맡겨 두고

(하략)

농촌에서 잔치를 하고 난 뒤의 모습을 그린 시인데, 거의 모든 참고서를 보면 '고도성장 이면에 황폐해진 70년대 농촌의 현실을 그렸다'는 설명이 달려 있다. 하지만 이런 설명이 전혀 올바르지 않다는 게 토론회 발제자의 시작이었다. "유신시대 새마을운동을 통해 농촌이 오히려 잘 살 수 있게 됐는데 그런 내용은 언급하지 않고 무조건 박정희 대통령의 산업화 과정을 비판·왜곡할 수 있다"고 주장했다.

최근 작품 중에 문제 삼은 것은 박민규의 《삼미 슈퍼스타즈의 마지막 팬클럽》이다. 프로야구 창단 첫해부터 최악의 성적을 거두던 삼미 팀을 끝까지 응원하던 주인공의 이야기를 다룬 소설인데, 이에 대해선 다음과 같은 평가를 달았다.

'치열한 경쟁을 이겨낸 덕분에 오늘의 풍요가 있다는 사실은 도외시하고 무조건 경쟁은 나쁜 것으로 치부한다. 일제고사 등을 거부하는 전교조 교사들의 견해와 맥을 같이 한다.'

_____"문학작품의 본질은 열린 해석과 토론"

나머지 작품에 대한 평가도 비슷한데, 결국 이 작품들은 교과서에 들어가기 부적합하다는 게 자유경제원의 결론이다. 하지만 자유경제원을 벗어나면, 이 작품들에 대한 평가는 상당히 달라진다.《광장》의 경우, 과거 국정교과서 시절 문학교과서에도 실린 바가 있다.

또 2004년에는 소설가와 평론가들에 의해 '한국문학 100년 최고의 소설'로 선정됐으며, 최인훈 작가는 노벨 문학상 후보이기도 했다. 〈농무〉 역시 국내 최고 권위를 자랑하는 만해문학상 초대 수상작이고,《삼미 슈퍼스타즈의 마지막 팬클럽》은 서울대 도서관에서 가장 많이 빌려 본 책으로 꼽힌다. 그러니 교과서에 실릴 만한 자격은 갖췄다고 볼 수 있는 셈이다. 문학계 역시 자유경제원의 이런 움직임을 납득할 수 없다는 반응이다. 정홍수 평론가는 "문학이 가지고 있는 정치성이라는 게 있다고 할 때, 이 세 작품은 정치성의 측면에서도 굉장히 세련되고 복합적인 시각을 제공하는 작품"이라고 평가했다. 그러면서 "한국 문학사의 명편들이고 100년 뒤에도 살아남을 작품들인 만큼 이런 작품들을 당연히 문학교과서에서 가르쳐야 한다"라고 이야기했다.

다른 문학계 인사들의 의견도 이와 비슷했다. 학계 원로인 유종호 예술원 회장은 "특정 관점 때문에 문학작품이 실려선 안 된다는 법이 어디 있느냐"라며 "60, 70년대 작품이 지금 관점과 안 맞는다고 빼면 고전 문학작품도 다 빼야 하는 것 아니냐"라고 반문했다. 평론가 신형철씨는 "문학작품의 본질이 열린 해석과 토론이라는 것을 이해 못 한 발언이라고밖에 볼 수 없다"라고 했다. 보수논객인 소설가 복거일 씨 역시 "문학작품이 역사를 바라보는 데

나쁜 영향을 미칠 수 있다는 것은 동의하지만, 《광장》이나 〈농무〉처럼 고전의 반열에 오르고 평가가 끝난 작품을 자유경제원이 거론한 것은 의아하다"라는 입장이었다.

_____제2, 제3의 교과서 논란도?

자유경제원 토론회에 참석한 이들은 교과서 문제는 끝이 아니라 이제 시작이라고 했다. 국정화 결정이 나면서 역사교과서 좌편향 논란은 일단락됐지만 소위 '올바른 문학교과서' 만들기 운동에 들어갈 수 있다는 이야기였다.

　　자유경제원 홈페이지에 실린 설립 목적을 보면 '지식인들의 잘못된 이념이나 철학으로 자유주의가 전복될 수 있다. 자유주의 시장경제 시각으로 우리 사회의 바른 여론 형성에 기여하겠다'고 밝히고 있다. 그 말대로라면 문학작품에 대한 자기 나름대로의 해석과 주장도 가능한 일이다. 그런데 문제는 그런 주장이 얼마나 실현될 동력을 얻느냐 하는 것이다. 새누리당이 마련한 '역사 바로 세우기' 포럼에서 김무성 대표는 이런 이야기를 했다.

> "오늘 내가 발견한 우리 이 시대의 영웅 전희경 사무총장의 이야기를 많이 들어야 되는데. 사무총장은 내가 국민의 이름으로 요구하는데 밤잠 자지 말고 전국 돌아다니면서 이 강의를 좀 하고 다니시길 제가 부탁합니다."

　　앞으로 제2, 제3의 교과서 논란이 언제든 벌어질 수 있음을 짐작하게 하는 대목이다.

청년실업률 최저치라는데…
왜 체감 안 될까

"거짓말에는 세 가지 종류가 있다.
거짓말, 새빨간 거짓말, 그리고 통계."
영국 빅토리아 시대 정치인 디즈레일리의 말이다.
통계의 오류와 착시를 말할 때 자주 인용된다.

독일의 통계학자 발터 크래머는
"많은 사람들이 진실을 밝히기 위해서가 아니라
자신의 주장을 뒷받침할 목적으로 통계를 들먹인다"라고 말했다.

그만큼 통계는 잘 살펴봐야 하고,
신중하게 인용해야 한다.
그런데 종종 이상한 통계 때문에
뉴스를 접하는 사람들이 절망에 휩싸이기도 한다.

'청년실업률이 최저치를 기록했다'는 뉴스가 쏟아지면
아직 취업하지 못한 청년들은 더욱 절망할 수밖에 없다.
나 빼고 다른 사람은 다 취업한 것처럼 느껴진다.
그러나 그 발표 내용은 얼마나 진실에 가까울까?

통계와 관련된 또 다른 유명 속담을 생각할 필요가 있다.
"숫자는 거짓말을 하지 않는다.
그러나 거짓말쟁이들은 숫자를 이용할 궁리를 한다."

10월 청년 실업률 7.4%로
2년 5개월만에 최저

"내수회복과 맞물린 **취업시즌** 덕택"

숨통 트인 실업률

취업 시장 '활기'

'청년실업률 감소' 불감증

주변에 선배들 봤을 때 다들 취업하기 점점 어렵다 얘기하고,
공채 시즌인데 딱히 좋은 결과 얻은 사람도 없고, 실감 안 되는 거 같아요.

실업자

체감 실업률 22.4%

자료: 한국경제연구원

"청년실업률이 2년 5개월 만에 최저치를 기록했다."

2015년 11월, 통계청이 우리 경제에 상당히 고무적인 발표를 내놨다. 통계청 발표가 나오자마자 '내수 회복의 효과가 나타나고 있다'는 기사가 동시에 쏟아져 나왔다. 그러나 오래간만에 나온 반가운 소식에 마냥 기뻐하기엔 현실이 그렇게 희망적으로 보이지 않았다. 실제 어려움을 겪고 있는 청년 구직자들 사이에서는 이게 무슨 근거로 나온 통계냐는 불만이 터져 나왔다.

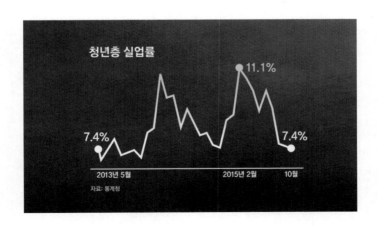

그들은 희망적인 청년실업률 통계를 전혀 믿지 않았다. 통계와 현실 사이에 간극이 있었기 때문이다.

통계청이 발표한 수치 자체는 틀리지 않았다. 2013년 5월 7.4%였던 청년실업률은 계속 올라 2015년 2월에는 11%로 정점을 찍었다. 그러다 점점 떨어져서 29개월 만에 다시 7.4%가 됐다. 통계청 발표대로 2년 5개월 만의 최저치였다.

그렇다면 왜 실제 청년 구직자들은 취업 훈풍을 느끼지 못하는 걸까? 세 가지 측면에서 설명할 수 있다.

일단 취업률이 상승한 연령대를 살펴볼 필요가 있다. 통계상 청년층은 만 15세부터 29세까지를 말하는데, 2015년 1월부터 10월까지 이 연령대에서는 전년도 같은 기간에 비해 취업자 수가 6만 2000명 증가했다.

그런데 연령대를 좀 더 쪼개서 보면 15~19세 취업자는 1000명 줄었고, 20~24세 취업자가 6만 5000명 늘었는데, 25~29세 취업자는 3000명이

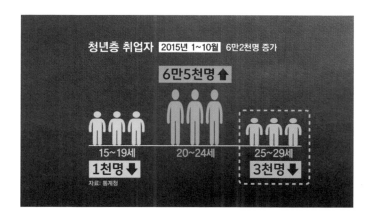

20~24세 청년층 중 시간제 근로자

22.9%

10.1%

2007년   2015년

자료: 한국노동연구원 (3월 기준)

나 줄었다.

세부 연령대별로 취업자 수가 들쭉날쭉이다. 그런데 한 취업 포털사이트의 조사 결과 올해 평균 취업 연령은 27.5세였다. 따라서 이 연령이 속해 있는 25~29세는 취업자가 줄어들었다. 이 연령대에 몰려 있는 취업 준비생들 입장에서는 취업 사정이 좋아졌다고 체감하기 힘들 수밖에 없다.

또 하나의 문제는 전체적으로 늘어난 6만 명 이상의 취업자들이 어느 곳에 취업을 했느냐는 점이다. 2015년 3월 기준으로 보면 2014년보다 청년층의 비정규직 숫자가 대폭 늘었다. 특히 1주일에 36시간 미만 일하는 시간제 근로자가 20~24세 사이에서 확 늘어났다. 2007년만 해도 10% 정도였는데 2014년에 20%, 2015년에는 23% 가까이 이르렀다. 이 연령대의 취업자들은 4명 중 1명이 시간제 근로를 하고 있다는 이야기가 된다. 결국 취업자가 늘어나기는 했지만 취업의 질은 오히려 떨어진 것이다.

조사 기간 동안 1주일에 1시간 이상만 일하면 취업자로 분류하는 취업자 조사 자체도 '취업률 착시'의 한 원인이었다. 국제노동기구(ILO)에서 정한 기준에 따라서 우리 통계청도 이 기준을 적용하고 있는 것이지만, 청년 취업에 대한 실제 온도를 체감하기 힘든 기준이라는 지적이 꾸준히 나온다.

_____통계의 함정

한국경제연구원 유진성 연구위원은 정규직이나 양질의 일자리가 나오지 않으니까 일단은 비정규직 같은 불안정한 일자리 쪽으로 눈을 돌리는 경향이 늘어나면서 취업자가 부풀려진 측면을 지적했다. 고용의 질이 낮아진 것과 취업자 증가가 맞물려 있는 셈이다.

　불안정 일자리에 사람이 몰리다 보니 이 중에는 "이게 내 직업이 아니고 잠시 거쳐 가는 '알바'다"라고 생각하는 사람도 많다. 이런 취업자들뿐 아니라 잠시 '스펙 쌓기'를 위해 학원에 다니는 사람, 고시생, 다시 학교로 돌아간 사람까지 애매한 취업 준비생들이 모두 현재 통계 기준에서는 실업자로 간주하지 않고 있다. 이들을 다 실업자로 포함하게 되면 체감실업률은 7%대가 아닌 22.4%로, 최악이었던 시절과 별반 차이가 없다는 게 한국경제연구원 등 전문가들의 설명이었다.

　이 때문에 ILO 사무총장 정책특보로 있는 이상헌 박사는 SNS를 통해 이런 '통계의 함정'을 경계해야 한다고 비판했다. 이 박사는 최근 몇 년간의 청년실업률 그래프를 예로 들며 한국 노동시장의 계절적 특성을 고려해야 한다고 말했다. 방학 동안 구직활동을 했던 대학생들이 다시 학교로 돌아가는 경향 때문에 항상 10월 전후해서 실업률이 가장 낮게 나오다가 11월 이후부

터 봄까지 상승한다는 것이다.

그러면서 이런 통계를 가지고 희망적인 기사만 쏟아내는 경향에 대해 '통계가 아닌 통계 해석이 지나치게 편의적이고 정치적'이라는 점도 지적했다. 그렇지 않아도 마음고생, 몸 고생이 심한 취준생들이 '나만 이런 거냐'는 박탈감까지 느끼지 않으려면, 통계를 전하는 것뿐 아니라 통계 해석에도 신경을 써야 할 것이다.

✦ 이상헌 박사의 전망대로 해가 바뀌고 봄이 되면서 청년실업률은 다시 치솟았다. 2016년 2월 청년실업률은 12.5%로 2월 기준 역대 최저치를 기록했고, 3월에도 11.8%로 같은 달 기준 역대 최고치였다. 앞으로도 매년 가을만 되면 '얼마만에 청년실업률이 최저치로 떨어졌다'는 정부 발표나 기사가 또 나오게 될지 모른다.

대기업 '청년 일자리' 봇물,
실상을 들여다보면

좋은 유치원에 보내고
초등학생은 선행학습을 하고
중·고등학생은 혹독한 야간 자율학습을 하고
대학생은 학점에 목을 매는 것.

이는 모두 좋은 직장에
취업하기 위해서일 것이다.

대한민국에서 취업은 한 사람뿐 아니라
가족들의 기대까지 책임지는 의미를 갖는다.

그러다 보니 모든 정부마다
청년 취업률은 무엇보다 중요한 이슈다.

정부에서 대기업에 신규 채용을 늘리라 강조하면
기업에선 경영 사정이 안 좋다고 난색을 표해오곤 했는데
2015년 여름 대기업 신규 채용이 봇물 터졌다는
소식이 전해져왔다.

메르스에 중국발 경제 쇼크까지
경제 사정이 최악이라고들 하던 상황에서
어찌된 일일까?

2015년 8월, 한동안 보기 힘들던 제목의 기사가 일제히 쏟아지기 시작했다.

'기업들 투자 확대로 일자리 늘린다'
'대기업 고용대책 봇물'
'청년 일자리 창출 팔 걷은 ○○그룹'

여러 대기업들이 한꺼번에 채용계획을 내놓으면서 이런 기사들이 나온 것이다. 앞서 7월 24일 박근혜 대통령은 대기업 총수 17명을 청와대로 초청

해 오찬간담회를 열었다. 그때 박 대통령은 "청년들에게 좋은 일자리가 많이 제공될 수 있도록 신규 채용에 적극 나서달라"라고 요청했고, 곧이어 기획재정부가 '민관합동회의'를 열어 민간 부문 16만 개를 포함한 21만 개의 일자리를 만들겠다는 계획을 내놨다. 그러자 삼성, 현대차 등 6개 그룹이 앞으로 4년간 약 9만 6000개의 일자리를 만들겠다는 계획을 발표했다.

대한상공회의소가 매년 조사하는 '기업 일자리 기상도'를 보면 최근 180개사가 한 해 2만 2000~2만 3000명 정도의 대졸 신입사원을 뽑는 것으로 나타난다. 그런데 상위 6개 대기업에서만 4년 동안 10만 개 가까운 일자리를 새로 만들겠다고 하니 대단한 일이 아닐 수 없었다.

_____새로 만든다는 일자리에 인턴과 교육 프로그램 포함?

하지만 기업별로 내놓은 숫자를 꼼꼼히 따져보면 통상 생각하던 일자리와는 상당한 차이가 있다. 먼저 삼성그룹은 향후 2년간 3만 명 규모라는 일자리 대책을 내놨는데, 6개월간의 교육과 인턴십을 통해 삼성 협력사에 입사하는 고용 디딤돌 프로그램, 취업 기술에 대한 교육과 창업 컨설팅, 그리고 신규 일자리 1만 개 창출 등으로 구성돼 있다. 사실상 앞의 두 가지 대책은 신규 직원 채용이 아닌 셈이다. 그나마 내놓은 인턴 프로그램도 삼성그룹사가 아닌 협력회사에서 일한 뒤 일정 조건을 갖추면 그 협력회사에 입사하는 방식이다. 삼성이 내놓은 3만 명 규모의 일자리 대책이라고 해서 삼성에 입사할 것을 기대했던 이들에게는 실망스러울 수 있는 대목이다.

현대차 역시 2018년까지 역대 최대 규모인 3만 6000명을 뽑겠다는 계

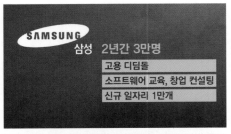

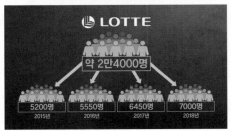

획을 내놨다. 1년에 1만 2000명씩 뽑겠다는 건데, 이 숫자 역시 자세히 뜯어 보면 이 중 9500명은 올해 원래 뽑기로 했던 인력이다. 1000명은 앞으로 임 금피크제를 도입함으로써 생기는 여유자금으로 뽑겠다고 한다. 아직 노사 간 합의가 안 된 임금피크제를 놓고 조건을 걸어둔 것이라 실행 여부가 불투명 한 계획이다. 게다가 1만 2000명에는 인턴 채용계획까지 포함돼 있다. 인턴 이 얼마나 정규직으로 전환될지도 불분명하다.

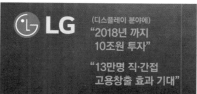

　롯데의 경우 2만 4000명 규모의 채용계획을 발표했다. 그런데 이는 4년에 걸친 수치이고, 세부계획을 보면 매년 5000~7000명씩 뽑겠다는 계획이다. 최근 롯데는 매년 4000~5000명을 뽑아 왔으니 예전보다 채용 규모를 늘린 것은 사실이지만, '2만 명 규모'라는 표현과는 분명 상당히 다른 느낌이다.

　SK의 경우 '고용 디딤돌'과 '청년 비상'이란 프로그램을 내세웠는데 '고용 디딤돌'은 직무교육과 인턴십, 그리고 '청년 비상'은 창업교육이다. 물론 기업 입장에서는 상당한 비용이 들겠지만, 취업준비생들이 바라는 '직접 채용'은 하나도 없는 셈이다.

　LG의 경우 디스플레이 분야에서 3년간 10조 원을 신규 투자하겠다는 계획을 내놨다. 그러면 1년에 3조 원이 조금 넘는 건데, LG디스플레이는 최근 몇 년 동안 매해 3조~4조 원대 투자를 꾸준히 해오고 있다. 역시 기업 입장에서 3년 앞을 내다본 투자 집행계획은 쉬운 일이 아니겠지만 청년 고용을 위한 특단의 대책이라고 보기는 힘들다.

_____'눈 가리고 아웅' 대책에도 정부는 손해 볼 것 없어

그러자 이런 인턴십이나 교육 프로그램을 빼고 나면 6개 그룹에서 이번 대책으로 순수하게 늘어나는 청년 일자리 규모는 9만 6000명이 아니라 1만 6000명 정도에 그친다는 분석도 나왔다. 하지만 기업들 입장에서는 지금 상황에서 이 정도 계획을 내놓는 것도 쉽지 않다는 항변이다. 한 취업 포털사이트 임원의 분석이다

"대통령이 나서서 이렇게까지 하는데도 불구하고 대기업이 가만히 있기는 쉽지 않죠. 기업 입장에서 보면 사실 참 갑갑한 거예요. 채용 규모가 전년 대비 유지 수준이면 감사한 건데 더 늘려야 한다고 하니. 지금 경제 상황이어서 대기업도 채용 여력이 없으니까요."

이렇듯 청년 취업준비생의 갈증을 실질적으로 풀어주기 힘든 대책임에도 정부는 별 반응이 없다. 오히려 고용노동부에서는 자신들의 노동개혁 정책 추진으로 기업들의 불안감이 사라져 신규 채용이 늘고 있다고 홍보에 열을 올리는 모습이다. 왜 그럴까?

최근 5년간 청년실업률을 보면 2011년만 해도 8% 수준이던 게 매년 증

가해 2014년 10%를 넘었다. 또 다른 세대의 실업률에 비해 청년실업률이 얼마나 되느냐(핵심 생산인구 실업률 대비 청년실업률)를 따져보면 한국이 3.5배로 OECD 국가 중 1위다.

청년실업률은 특히 여론에 직접적인 영향을 주는 통계 중 하나다. 그런데 이번 대기업들의 일자리 대책만으로도 이 숫자 자체에 영향을 줄 수 있다는 분석이 나온다. "단기 취업자든 아르바이트든 경제활동 인구조사를 할 때는 취업자로 계산이 되니 정부에서 고용률이나 실업률 발표할 때 지표 개선은 틀림없이 나타난다"라는 게 우광호 한국경제연구원 선임연구원의 이야기다. 그러니 이번 대책이 취업준비생들 기대에는 못 미칠 수 있지만, 정부 기대에는 만족스러울 수 있다는 것이다.

당초 대통령이 대기업 총수들을 청와대에 초청해 당부한 이야기는 "청년들에게 좋은 일자리가 많이 제공될 수 있도록 신규 채용에 적극 나서달라"라는 것이었다. 그러나 기업들이 내놓은 대책들은 '좋은'보다는 '많이'에만 방점이 찍힌 모습이다. 부탁한 사람과 부탁을 들어준 사람 모두 결과에 만족하고 있는지 모르지만, 정작 당사자인 청년들의 마음은 이 과정에서 외면당한 모습이다.

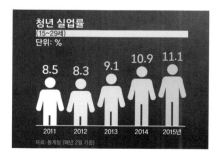

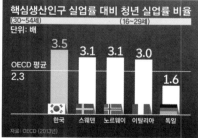

초등교과서 한자 병기
정말 필요한 걸까

한국은 중국·일본·베트남 등과 더불어
소위 '한자문화권'에 속한다.
독자적인 글자를 확립하기 전까지 한자를 사용했거나,
현재도 한자어의 흔적이 남아 있는,
그래서 한자어의 영향을 깊이 받은 나라들이다.

실제로 일본은 지금도 대부분의 이름을 한자로 쓰고,
베트남 역시 많은 단어들에 한자의 흔적이 남아 있다.
한국의 경우도 마찬가지여서,
글자를 적을 때는 완전히 한글로 대치하고 있지만,
말소리나 뜻은 여전히 한자의 영향이 강력하다.

이 때문에 아예 한자를 한글과 함께
병기하자는 목소리가 꾸준히 제기되고 있다.
특히 학생들의 교육을 위해 초등학교 때부터
'한자 병기'를 해야 한다는 주장이 제기되면서
국어학계의 큰 논란거리로 떠올랐다.

실제로 한자를 함께 사용해야만
학생들의 이해력을 더 높일 수 있는 걸까?

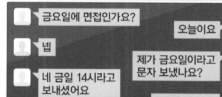

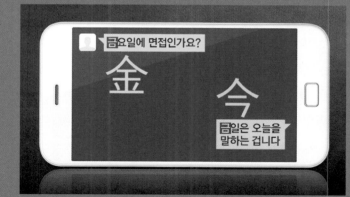

병기[倂記]: 단어나 문장을 적을 때, 그 단어나 문장의 원어나 같은 뜻의 외국어 등을 나란히 적음.

국어사전에 나와 있는 '병기'의 말뜻이다. 이 단어를 정확하게 표현하기 위해 한글 옆에 괄호를 하고 한자를 함께 써줘야 한다는 주장이 꾸준히 제기되면서 교육계의 뜨거운 논쟁거리로 떠올랐다. 특히 2015년, 교육부가 한자 병기 문제를 최종 결정하겠다고 당초 밝혔다가 결정을 미루면서 논란은 오히려 더 커졌다.

한자 병기를 반드시 해야 한다는 쪽의 주장은 그렇게 해야 말의 뜻을 더 명확하게 알 수 있다는 것이다. 실제로 '병기'라는 단어만 해도, 함께 쓴다는 병기(倂記)도 있지만, 무기를 뜻하는 병기(兵器)도 있다. 그래서 구별이 필요하다는 주장인데, 생활 속에서도 이 때문에 종종 혼란이 발생한다.

온라인에서 화제가 됐던 문자메시지 문답이 있다. 어떤 회사에 지원한 한 응시자가 "금일 14시 면접'이라고 했는데, 그럼 이번 주 금요일이냐"라고 물었더니, 회사 인사담당자가 "금일은 오늘을 말하는 겁니다"라고 면박을 주

적외선
(赤外線)
붉을 적 바깥 외

는 내용이다. '오늘'을 뜻하는 금일(今日)의 금(今)자와 금요일(金曜日)의 금(金)
자를 구분하지 못해 일어난 해프닝이다.

한자 병기를 주장하는 쪽에선 우리나라에 한자어가 많아 한자를 함께
익히지 못하면 이해가 어렵다고 이야기한다. 예를 들어 '적외선' 하면 뭔지
잘 모르던 사람도 '붉을 적(赤)'에 '바깥 외(外)'라는 한자 뜻을 알고 나면, 빨
주노초파남보에서 적색 가시광선 너머에 있는 빛의 종류란 걸 알 수 있다는
식이다.

_____분석 능력을 높이기 위해 한자 병기가 필요하다는 주장

성균관대학교 중어중문학과 전광진 교수는 "학력·사고력 등을 기르기 위해
서는 단어의 뜻, 어휘의 의미를 정확하게 아는 것이 중요하다"라고 강조했다.
분석 능력을 초기에 길러주기 위해서는 초등학교 교과서 한자 병기가 필요
하다는 것이다. 한자가 같이 적혀 있지 않아도 되지만, "알면 더 좋다"라는 게
전 교수의 주장이었다.

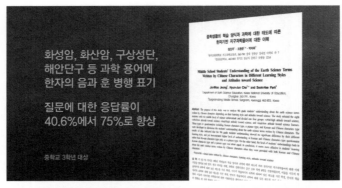

화성암, 화산암, 구상성단,
해안단구 등 과학 용어에
한자의 음과 훈 병행 표기

질문에 대한 응답률이
40.6%에서 75%로 향상

중학교 3학년 대상

안중근 의사
義士

치과 의사
醫師

　　실제 중학교 3학년 학생들을 대상으로 한 연구에서, 다소 까다로운 지
구과학 용어에 한자 음과 훈을 알려줬더니 이해도가 두 배 가까이 올라갔다
는 결과도 있다.

　　하지만 '금요일'과 '금일'은 괄호에 한자를 적어준다고 해서 구별할 수
있는 것이 아니라는 반대 목소리도 높다. 한자로 의사(義士)가 적혀 있지 않
다고 해서 안중근 의사(義士)와 치과 의사(醫師)를 구분하지 못하겠느냐는 것
이다. 말의 뜻은 소리와 맥락에서 오는 것이지 글자에서 오는 게 아니라고 반

대 진영은 강조했다.

이와 관련한 연구 역시 많이 진행돼 있다. 3년마다 시행하는 국제학업성취도 평가를 살펴보니, 우리 중학교 3학년 학생들의 문해력(문장을 이해하는 능력)이 세계 1, 2위 수준이며, 현재 초등학교 한글 전용 교과서의 부작용은 찾을 수 없다는 연구 결과가 2015년 8월 국회 토론회에서 발표되기도 했다.

국어문화운동실천협의회 이대로 회장은 어휘력을 향상시키려면 책을 많이 보고, 글을 많이 쓰고, 사전을 자주 찾아보고, 다른 사람과 대화를 많이 해야 한다고 강조했다. 한자나 한글 같은 글자 자체는 하나의 수단일 뿐이라는 것이다.

이렇게 양쪽 진영이 강하게 충돌하다 보니, 한자 병기 추진이 결국 '한자시험 장사'를 위한 것이라는 주장까지 제기된다. 실제 2015년에 전국 초등 교원 1000명을 대상으로 실시한 설문조사에 따르면, 초등 교과서에 한자를 병기할 경우 응답자의 90% 이상이 사교육이 늘고 한자 급수시험 응시가 증가할 것이라고 우려했다.

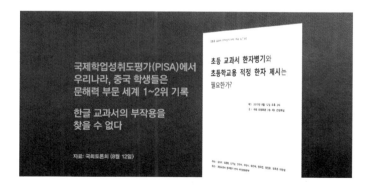

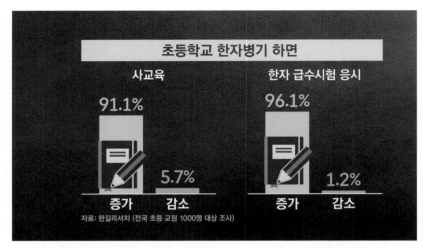

초등학교 한자병기 하면

사교육 91.1% 증가 / 5.7% 감소

한자 급수시험 응시 96.1% 증가 / 1.2% 감소

자료: 한길리서치 (전국 초등 교원 1000명 대상 조사)

경향신문(1970)

동아일보(1970)

당초 한자 병기가 돼 있던 초등 교과서를 지금처럼 한글 전용으로 바꾼 건 1970년이다. 당시 박정희 대통령이 "한글 전용으로 자주성을 길러야 한다"면서 한글 전용을 강행하자 '억지 뜻글 소리'로 혼란만 키운다는 비판이 신문 지면을 장식했다. 어찌 보면 40년 넘는 시차를 두고 지금과 비슷한, 혹은 뒤집힌 논란이 벌어진 것이다.

45년이 지난 지금, 그때와 뭐가 달라진 건지, 이 논의가 왜 필요한 건지 정부가 적극적으로 설명하지 못하면 2016년이라고 해서 뾰족한 결론이 나오기는 쉽지 않아 보인다.

물수능에는 여학생이 유리?
수능 통설 사실인가

"수능이 쉬워 여학생에게 유리했다."
"수리영역이 어렵게 나와 남학생에게 유리했다."

대학수학능력시험이 끝나고 나면
흔히 나오는 분석들이다.

특정 과목의 난이도에 따라
남학생 혹은 여학생에게
유리했다, 불리했다
이야기가 나오는데

실제 학업 성취도에 남녀 차는 있을까.
그렇다면 그 이유는 무엇일까.
또 그런 차이가 존재한다면
앞으로 수능 난이도를 어떻게 조절해야
남녀 간의 유·불리를 없앨 수 있는 것일까?

여자가 공부 잘한다?··· "물수능에 실수 적어 유리"

여학생이 더 잘하는 비법? "학습 태도"

남녀공학에 비해 여고 강세

남녀 학생의 수학 점수차(PISA)

자료: OECD(2014)

30
20
10
-10

The Economist

2015.3

World politics Business & finance Economics Science & technology Culture Blogs Debate Multimedia

The Economist explains

Why girls do better at school than boys

왜 여학생들이 남학생들보다 잘할까?

"64개국 대상 조사 결과
15세 기준 여학생 성적이 남학생보다
약 1년 앞서"

First, girls read more than boys. Reading proficiency is the basis upon which all other
learning is built. When boys don't do well at reading, their performance in other school

해마다 8월이면 한국교육과정평가원에서는 전년도에 실시된 대학수학능력
시험 성적 분석 결과를 내놓는다. 그리고 그 내용은 매번 여러 논란을 불러일
으킨다. 2015학년도 수능 분석도 마찬가지였다. 국·영·수 모두 여학생의 성
적이 남학생보다 높게 나왔다. 그러자 "물수능이었기 때문에 나온 결과"라는
분석이 대부분의 매체를 통해 소개됐다. '문제가 쉬우면 쉬울수록 여학생에
게 유리하다'는 학원 관계자들의 분석이 정설처럼 받아들여진 것이다.

_____여학생들의 약진은 전 세계적 추세

최근 몇 년간 수능은 계속 쉬워지는 추세였는데, 그러면서 전반적으로 여학
생들의 성적이 남학생을 앞서나갔다. 그러자 문제가 쉬울수록 상대적으로 차
분한 여학생들에게 더 유리하다는 업계 속설이 더 힘을 얻었다. 그렇다면 반
대로 출제방식이 바뀌어 문제가 좀 더 어려워질 경우 남학생들에게 더 유리
할 것인가? 그건 알 수 없는 일이다.

　　한국교육과정평가원에서는 각 학년 학생들을 대상으로 국가 수준 학업

성취도 평가라는 것을 매년 진행한다. 그 결과를 보면 학년별로 남녀 학생들의 과목별 실력이 어떤지 알 수 있는데 고등학교 2학년 학생들을 기준으로 국어 과목에선 2012년부터 2014년까지 여학생의 점수가 남학생보다 9점 이상 앞섰다. 영어의 경우도 5.8~8.3점 여학생이 더 잘 봤다. 다만 수학의 경우 남학생의 점수가 여학생을 앞섰는데, 그나마 2012년에 3.3점 나던 점수 차도 2013년 2.9점, 2014년 1.1점으로 점점 줄어드는 추세다.

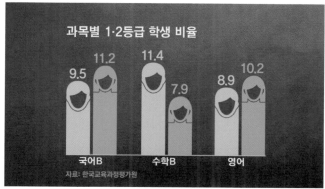

사실 이런 현상은 우리만의 일이 아니다. 영국 경제주간지 〈이코노미스트〉에서는 2015년 3월 'Why girls do better at school than boys(왜 여학생들이 남학생보다 우수할까)'라는 제목의 기사를 내보냈다. 64개국 학생들을 대상으로 조사한 결과 15세 기준으로 여학생의 성적이 남학생보다 평균적으로 1년 정도 앞선다는 내용이었다. 그러니 우리 수능에서도 단순히 여학생의 약진을 단순히 난이도 때문만으로 보기는 힘든 것이다.

_____남학생이 그래도 수학은 잘할까?

앞서 국가 수준 학업 성취도 평가에서 그 격차가 현저하게 줄어들고 있기는 하지만 그래도 아직 수학에서는 남학생이 여학생 성적을 앞서는 모습을 확인할 수 있었다. 그렇다면 다른 과목에 비해 남학생이 여학생보다 '수학은 잘한다'고 말할 수 있는 것일까?

외국에서도 그런 통념은 상당히 폭넓게 퍼져 있다. 미국 재무장관을 지낸 래리 서머스가 2005년 하버드대 총장 시절 "여성이 선천적으로 남성보다 과학과 수학을 못한다"는 발언을 했다가 구설에 오른 바 있다. 여러 이유가 있었지만 결국 총장직을 내놓는 계기가 되기도 했다.

2005학년도 수능에서도 좀 더 어려운 수학B의 경우 높은 점수인 1, 2등급을 받은 비율이 여학생보다 남학생에서 더 많았다. 그런데 생물학적인 면에서 남학생이 여학생보다 수학을 잘한다고 결론을 내리기에는 과학적인 근거가 부족하다. 미국 위스콘신대 연구진이 서머스 전 총장의 발언 이후 미국 전역의 초등 2학년부터 고2까지 700만 명의 학생을 대상으로 실제 선천적인

수학 실력에서 남녀 간의 차이가 있는지 연구를 진행, 2008년 사이언스지에 그 결과를 게재했다. 결론은 "수학 실력 차이를 보여주는 상관계수가 거의 0에 가까운 0.01~0.06 사이였다"라는 것. 결국 남녀 간의 유의미한 차이는 발견되지 않았다는 결론이었다.

　　그렇다면 그간 실제 시험에서 남녀 간의 수학 성적 차이가 있었던 것은 어떤 이유에서일까. 한국생명공학연구원 유향숙 박사는 환경적인 요인을 그 원인 중 하나로 제시한다. "누가 사회적으로 더 응원을 많이 받느냐, 더 잘한

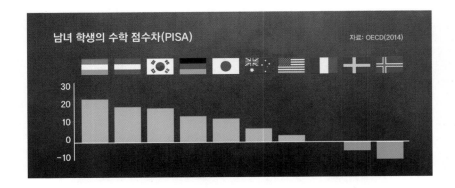

남녀 학생의 수학 점수차(PISA)

자료: OECD(2014)

30
20
10
0
-10

다는 인식을 받고 있느냐에 따라 실력 차가 생길 수 있는 것"이라며 그래서 "여성들도 수학을 더 잘 접할 수 있도록 기회를 부여하는 것이 중요하다"라는 이야기다.

　실제로 여러 논문을 보면 그동안 수학 수업에서 여학생보다 남학생에게 더 관심을 많이 기울였다는 내용을 언급하고 있다. OECD 국가들을 중심으로 만 15세 학생들을 대상으로 정기적으로 진행하는 국제학업성취도평가(PISA)가 있는데, 수학 분야의 결과를 보면 여기서도 대부분 국가에서 남학생들의 성적이 여학생보다 앞선다. 하지만 관련 보고서의 분석 내용을 보면 "성 격차, 성차별이 적은 나라일수록 수학 점수 차가 작다"라고 지적하고 있다. 남녀 학생 간의 수학 성적 차이는 환경적 요인이 더 클 수 있다는 점을 짐작해볼 수 있다.

_____남녀 공학보다는 여학교가 낫다?

또 하나 많은 학부모들이 관심을 갖는 부분은 남녀 공학이냐 아니냐에 따라서도 학생들의 성적차가 발생하는지 여부다. 2005학년도 수능 성적 분석과 관련된 조사 결과가 있었다. 학교 유형별 수능 표준점수를 보니 여고가 평균 105.2로 가장 높았고, 남고가 101.5, 그리고 남녀 공학이 97.4로 가장 낮았다. 성적 우수학생 비율에서도 같은 순서였다.

이런 양상은 이전 수능에서도 마찬가지였는데, 그 이유가 뭔지 한국개발연구원(KDI)에서 2013년 연구한 내용이 있다. 학생들을 대상으로 조사한 결과, 실제 남녀 공학 학생들의 주당 평균 자습시간은 남녀 공학이 아닌 학교 학생들보다 1시간 정도 적었다. 또 중학교 때 성적이 좋던 학생들이나 혹은 학부모들은 의식적으로 남고나 여고를 남녀 공학보다 선호하는 경향이 있었다. 그러니 애초에 남녀 공학으로는 성적 우수학생이 덜 진학하게 되면서 상대적으로 낮은 수능 점수로까지 이어질 수 있다는 이야기다.

학교 유형별 2015 수능 표준점수

여고 105.2 > 남고 101.5 > 남녀공학 97.4

자료: 한국교육과정평가원

여학생들의 학업 성취도와 관련해 〈이코노미스트〉에서 내놓은 또 다른 흥미 있는 조사 결과가 있다. OECD 국가 15세 학생들의 학습 태도를 비교했더니 여학생들의 주당 평균 학습시간은 5시간 반으로 남학생(평균 4시간 반)보다 1시간 더 많고, 한가할 때 책을 꺼내 읽는 비율도 여학생이 약 75%로 남

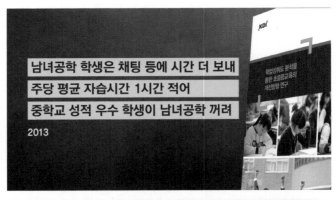

학생(약 50%)보다 훨씬 높았다. 남학생들은 독서 대신 인터넷 게임 등에 시간을 보내는 경우가 더 많았다.

"이렇게 되면 멀지 않은 미래에 전문직 분야에서 여성이 주류를 이루게 될 것"이라는 게 이코노미스트 기사의 전망이었다. 다른 나라 못지않게 여학생들의 약진이 두드러진 한국 역시 멀지 않은 미래에 직업 현장의 모습이 지금과 상당히 달라져 있을지 모른다.

표준시 변경한 북한,
한국은 못 바꿀까

2015년 8월 23일,
판문점에서 열린 '남북 고위 당국자 접촉'은
오후 3시 30분에 회담을 시작했다.
보통 고위급 회담이라고 하면 '오후 3시 정각'처럼
정확한 시간에 열리는 것이 자연스러운데,
어째서 30분의 시차를 두게 되었을까?

그 배경에는 북한이 2015년부터 도입한
소위 '평양 표준시'가 있다.
북한이 기존에 사용하던 동경 135도 표준시 대신에
동경 127.5도를 표준시 기준으로 삼으면서
기준시간을 30분 늦췄기 때문이다.

같은 한반도 내에서 남북으로 살고 있을 뿐인데
남한과 북한이 각각 다른 시간을 살게 된 셈이다.
그러면서 북한이 내세운 명분은 '일제 잔재 청산'이었다.
일본 열도를 지나는 동경 135도선을 표준시로 삼은 게
일제 때 만들어진 기준 때문이란 주장이다.

그렇다면 우리도 북한처럼 '잔재 청산'을 위해
표준시간을 조정해야 할까?

12:30

127.5°　　135°

1908년　　일제강점기

1954년　　1961년

30분 시간차? 자오선 정치

최광기 사무관 미래부 거대공공연구정책과

추가적인 비용이라든가. 30분 단위로 하다 보니까 혼란이 발생할 수도
있기 때문에. 신중하게 접근하는 게 저희 입장입니다.

조선 세종 때 만들어진 우리의 독자적인 해시계 앙부일구. 해가 중천에 떠서 바늘의 그림자가 가운데를 정확히 가리키면 오시, 즉 정오가 된다. 그런데 이 때에 맞춰 손목시계를 꺼내서 본다면, 낮 12시 정각이 아니다. 손목시계, 그러니까 통용되는 현재의 시간으로 따지면 12시 30분이 된다. 해의 위치와 시계의 시간이 맞지 않는 것이다.

이는 우리나라가 시간 기준으로 삼는 표준 자오선이 한반도에서 한참 떨어진 일본 열도 중심부를 지나는 동경 135도 선에 맞춰져 있기 때문이다.

이런 오차를 없애려면 표준시의 기준을 서울을 지나는 127도로 맞춰야 한다.

그런데 2015년 북한에서 그런 조치가 취해졌다. 평양을 지나는 127.5도를 기준으로 바꾸면서 시간을 30분 늦춘 이른바 '평양시'를 도입했다. 그러다 보니 우리도 바꿔야 하는 것 아니냐는 의견이 일각에서 제기됐다.

표준시는 1884년 만국지도회의에서 처음 정해졌는데, 영국 그리니치 천문대를 지나는 본초 자오선을 '0도'로 잡았다. 이를 그리니치 표준시(GMT)라고 한다. GMT를 기준으로 경도가 15도 차이 날 때마다 다른 표준시를 쓰게 되는데, 15도 동쪽으로 옮겨지면 1시간 빨라지고, 서쪽으로 이동하면 1시간 늦어진다.

그런데 우리나라처럼 15도 선에 걸치지 않고 경도와 경도 사이에 들어간 경우가 문제다. 분 단위까지 시차를 쪼개다 보면 너무 복잡해지기 때문에, 보통은 오른쪽이나 왼쪽의 15도 선을 끌어다가 기준으로 사용한다.

우리나라의 경우, 대한제국 때는 127.5도를 기준선으로 사용했는데, 일제가 135도선으로 자신들과 통일을 시켰다. 해방 이후엔 다시 127.5도로 돌려놨다가, 1961년 박정희 군사정권 때 지금의 135도로 재조정했다.

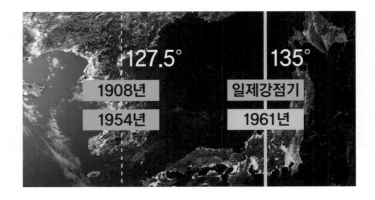

국제관례에 따르고 주한미군-주일미군 사이의 효율적인 군사작전을 위해서라는 게 재조정 명분이었지만, 당시 반대 여론도 만만치 않았다. 독립운동가 출신인 이희승 교수는 "일본의 표준시에 흡수되는 것이다. 도저히 찬성할 수 없다"는 신문 기고를 하기도 했다.

_____1시간 단위 표준시를 따르지 않는 나라는?

북한처럼 1시간 단위 표준시를 따르지 않는 나라들이 몇몇 있다. 이란과 인도, 미얀마, 남태평양 도서국가 등 10개 나라 정도가 30분 시차의 표준시를 사용하는데, 각자 배경은 다르다.

인도는 영국 식민지에서 독립하면서 영국 표준시에 항의하는 의미로 30분 엇박자를 뒀고, 네팔은 접경국인 인도에 예속되기 싫다며 이보다 15분 당겨서 사용한다. 북한이 '일제 잔재 청산'을 내세운 것처럼 정치적인 명분이 배경이 되는 경우다. 이를 두고 영국 그리니치 천문대의 데이비드 루니 큐레

데이비드 루니
영국 그리니치천문대 큐레이터

"시간이 정치와 얽혀있음을
보여주는 사례"

BBC 인터뷰

이터는 "시간이 정치와 얽혀 있음을 보여주는 사례"라고 평했다.

하지만 이런 경우는 극히 예외적으로, 현재 전 세계 95% 이상의 나라가 1시간 단위의 표준시를 채택하고 있다.

_____표준시 변경에 반대하는 3가지 이유

우리나라에서도 내부적으로 표준시를 변경하자는 주장은 꾸준히 제기되어 왔다. 2013년에는 국회에서 표준시를 127.5도로 변경하자는 법안이 발의된 바 있다. 당시 입법조사처에서 부처별 입장을 들어봤더니 대부분 부정적이었는데, 크게 세 가지 이유로 요약할 수 있다. 첫째, 다른 나라와 시차 환산이 복잡해져서 경제적 비용이 추가로 발생한다. 둘째, 2013년 당시까지만 해도 북한이 135도를 쓰고 있었기 때문에 한반도에 서로 다른 시간대가 존재하는 문제가 생긴다. 마지막으로 과거 127.5도로 변경할 때 유엔군 사령부가 군사 작전상 이유로 적극적으로 반대했었다는 것이다.

정부의 입장은 현재도 크게 달라지지 않았다. 미래부 거대공공연구정책과 최광기 사무관은 통신·금융·항공과 같이 시간이 중요한 분야에서 추가적인 비용이 발생할 수 있고, 30분 단위로 할 경우 혼란이 발생할 수도 있다는 점을 강조했다. 정부 입장에서는 신중하게 접근할 수밖에 없다는 설명이다.

그렇다면 일본을 지나는 기준선 대신에 중국을 지나는 120도선을 당겨서 쓰면 어떨까? 그런데 이럴 경우엔 시간을 1시간 늦춰야 하는 문제가 생긴다. 거의 모든 국가들이 당겨 쓰는 경우는 있어도 늦춰 쓰는 경우는 없다.

유럽에는 작은 나라들이 빽빽하게 모여 있다 보니 다른 경도의 표준 자오선을 가져다 쓰는 나라가 많다. 그런데 독일, 프랑스, 스위스는 물론이고 심지어 서쪽에 떨어져 있는 스페인까지도 동쪽 15도선을 가져다 쓰고 있다. 정치적인 이유도 있지만, 시간을 늦추는 것보다 앞당겨 사용하는 쪽이 유리하기 때문이다. 시간을 당겨서 쓰면 낮 시간이 길어지기 때문에 그만큼 에너지를 절약할 수 있다. 일종의 '서머타임제 효과'인 셈이다. 한국이 중국 쪽 120도선을 당겨 쓸 수 없는 이유다.

시간을 어떻게 사용할 것인가 하는 건 단순히 감정적으로만 볼 수 없는 복잡한 문제다. 정치와 경제, 산업과 교육, 약속과 신용까지 수많은 요소들이 얽혀 있다.

"우리가 일본 표준시를 쓰는 게 아니라, 우리나라가 선택한 표준 자오선 동경 135도가 우연히 일본을 지나는 것뿐"이라는 한국표준연구원 유대혁 시간센터장의 말처럼, 유연한 태도가 필요해 보이는 이유다.

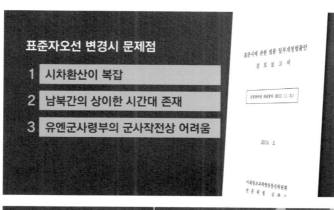

표준자오선 변경시 문제점

1 시차환산이 복잡

2 남북간의 상이한 시간대 존재

3 유엔군사령부의 군사작전상 어려움

표준시에 관한 법률 일부개정법률안
검 토 보 고 서

소병종과위 새로발행서 (2013. 11. 31)

2014. 2.

미래창조과학방송통신위원회
전 문 위 원 김 ○ ○

유럽 각국의 시간대

스웨덴

핀란드

영국

독일 폴란드

프랑스

포르투갈 스페인

동경 15도

그리스

유대혁 한국표준연구원 시간센터장

"우리가 일본 표준시를
쓰는 게 아니라
우리나라가 선택한
동경 135도가
일본을 지나는 것일 뿐"

외국인 노동자에게도
최저임금 적용해야 할까

"우리 일자리 뺏어가는 외노자들, 다 추방해야 한다."
인터넷 공간에서 흔히 볼 수 있는
외국인 노동자들에 대한 적대적인 댓글의 전형이다.

1993년 '외국인 산업 연수생 제도'를 통해
국내 노동시장에 외국 인력이 유입된 이후
외국인 노동자는 매년 급증하고 있다.

통계청 발표에 따르면 2012년 기준
국내 체류 중인 합법적 외국인 노동자의 수는 약 79만 명.
여기에 30만 명으로 추산되는 불법 체류 노동자까지 합치면
100만 명 이상의 외국인 노동자가 한국에서 일하고 있는 셈이다.

이들은 흔히 3D 업종이라 부르는
위험하고, 더럽고, 힘든 직종에 종사하며,
상대적으로 저렴한 인건비로 생산성을 올리는 역할을 한다.

그런데 국회 일각에서는 외국인 노동자들이
'너무 후한 대접을 받는다'며
최저임금을 똑같이 적용하면 안 된다는 주장이 제기됐다.

인터넷 댓글을 그대로 옮겨온 것 같은 이 국회의원의 발언,
과연 사실일까?

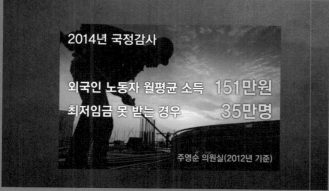

2014년 국정감사

외국인 노동자 월평균 소득   151만원
최저임금 못 받는 경우   35만명

주영순 의원실(2012년 기준)

워킹홀리데이 참가자 중
최저임금 위반 경험
65.5%

국적·학력 등에 따라
임금 차별

심상정 의원실(2015)·한국노동연구원(2008)

"(최저임금 인상으로 인해) 결국 외국인 근로자의 후생복리가 지나치게 좋아지는 것 아닌가? 선진국들도 가보면 싼 맛에 외국인 근로자를 쓰거든. 최저임금 대상에서 제외하는 나라도 많고요. 우리나라처럼 이렇게 외국인 근로자들을 잘 보호하는 나라가 없어요."

2015년 7월, 새누리당 권성동 의원이 국회 환경노동위원회에서 이기권 노동부 장관에게 이런 내용의 질의를 했다. 최저임금위원회에서 2016년 최저임금을 6030원으로 결정했는데, 외국인 노동자들에게 이런 기준을 그대로 적용하는 게 과하다는 문제 제기였다. 외국인 노동자들에게는 최저임금도 차등 적용해야 한다는 논리였다.

실제 최저임금을 명시한 최저임금법상으로는 외국인 노동자들을 따로 차별하는 규정이 없다. 동거하는 친족(가족)이나 선원법의 적용을 받는 선원, 정신·신체장애로 인해 근로 능력이 현저하게 떨어지는 경우를 제외하고는 모든 노동자가 동일하게 적용받도록 되어 있기 때문에 외국인 노동자도 예외가 될 수 없다. 그런데 권성동 의원은 이걸 차별해서 적용해야 한다고 주

권성동 새누리당 의원

"(최저임금 인상으로)
외국인 근로자의 후생복리가 지나치게
좋아지는 것 아닌가. 선진국들도 가보면
싼 맛에 외국인 근로자를 쓴다.
최저임금 대상에서 제외하는 나라도 많다"

7월 9일 국회 환경노동위원회

권성동 새누리당 의원

"외국인 근로자들의 경우에는
40% 정도는 숙식을
제공하고 있는데, 숙식비에
최저임금을 더해 임금수준이
굉장히 높아. 우리나라처럼
이렇게 잘 보호하는 나라 없어"

7월 9일 국회 환경노동위원회

장한 것이다.

권 의원의 말을 상세히 쪼개서 검증해보았다. 우선 "선진국 가보면 싼 맛에 외국인 근로자를 쓰며, 최저임금 대상에서 제외하는 나라도 많다"라는 부분이다. 결론적으로 이 말은 틀린 주장이었다.

선진국 중에서 최저임금제를 아예 도입하지 않은 나라는 있어도, 도입한 나라 중에 외국인과 차별적으로 적용하는 곳은 찾을 수 없었다. 취재에 도움을 준 한국노동사회연구소 김유선 선임연구위원 역시, 외국인이라고 해서 최저임금을 더 낮춰서 지급한다든가 하는 국제 사례는 없다고 확인했다. 우리의 근로기준법이나 해외 노동법들의 공통된 정신은, 국적이나 인종, 민족 등에 따른 차별을 할 수 없다는 것이라고 김 연구위원은 강조했다.

_____최저임금제를 도입하지 않은 나라의 경우는 어떨까?

그렇다면 최저임금제를 도입하지 않은 나라의 경우는 어떨까. 임금에 하한선이 없으니까, 외국인 노동자에 대한 임금을 더 낮게 차등 적용할 가능성이 있지 않을까?

실제 그렇게 차별적으로 적용하는 나라들이 있었다. 그런데 그런 경우 가장 타격을 받는 게 다름 아닌 자국 노동자들이었기 때문에, 대부분 관련 정책이 철퇴를 맞았다.

독일의 경우 최저임금 적용을 받지 않는 외국인 노동자들이 싼 임금 덕분에 밀려들어오자 국내 노동자들이 거세게 반발했다. 결국 2014년 법이 통

노동계 반발로
내·외국인 적용 받는
최저임금제 올해 도입

외국인 노동자에게
임금 15% 적게 주는 정책
2013년 폐지

자국민 대신
외국인 노동자 고용하면
차익만큼 고용세 부과

과돼 2015년 1월 1일부터 내·외국인 관계없이 시간당 1만 원 정도의 최저임금을 공통적으로 적용받게 됐다.

캐나다에서는 외국인 노동자에게만 15% 정도 낮은 임금을 줄 수 있게 했다가, 역시 국내 노동자들의 거센 반발로 철회했다. 싱가포르는 이 문제를 세금으로 보완했다. 기업이 내국인 노동자 대신 외국인 노동자를 고용해 임금 차이로 이익을 얻었다면, 그 격차만큼 세금으로 걷어간다.

"선진국에선 싼 맛에 외국인 노동자를 쓰고 있다"는 말, 예전엔 통했는지 모르겠지만 지금은 분위기가 바뀌고 있는 상황이다. 글로벌 시대에 노동력의 이동 역시 잦아지면서, 만약 그랬다간 자국 노동자들이 일자리를 잃게 되기 때문이다.

_____숙식비를 최저임금에 포함시켜야 한다?

그렇다면 한국의 외국인 노동자에 대한 대우가 지나치게 후하다는 평가는 맞는 이야기일까? 권성동 의원은 "외국인 노동자의 경우 40% 정도는 숙식을 제공받고 있는데, 이 부분이 최저임금에 안 들어가 있다. 그러니 최저임금에 숙식비까지 받으면 임금 수준이 높은 편이다"라고 주장했다. 하지만 전문가들의 평가는 권 의원과 달랐다.

한국노동연구원의 이규용 노동통계연구실장은 숙식비 문제는 외국인 노동자들의 최저임금과는 관계없는 이야기라고 선을 그었다. 그동안 최저임금 산입 범위에 숙식 제공을 포함시켜야 한다고 경영계에서 주장해왔는데, 문제는 이렇게 되면 실제 최저임금이 최저생계비 이하로 떨어지게 될 수 있

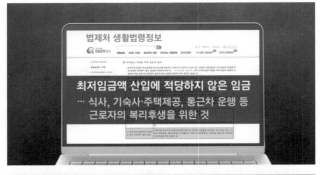

다. 주 40시간 근무 기준 최저임금이 한 달 126만 원 정도인데, 여기서 숙박비와 식대를 빼버리면 실제로 손에 쥐는 돈은 50만~60만 원에 불과할 수 있다. 이 돈으로는 제대로 된 생활을 꾸리고 미래를 계획하기 힘들다. 이 실장은 숙식 제공 문제는 최저임금으로 풀 게 아니고 사업주가 월급을 더 주고 노동자들이 숙식비를 내도록 유도하는 게 맞다고 강조했다.

법제처 '생활법령정보'에서 최저임금에 대해 설명하는 내용을 보면 '식사나 기숙사, 주택 제공 등 복리후생에 관한 것은 최저임금액에 넣는 게 적당하지 않다'고 해석하고 있다. 숙식 제공은 따로 떼어서 봐야 한다는 것이다. 하물며 외국인에게만 차등 적용하는 건 전혀 법리에 맞지 않는 차별일 뿐이다.

외국인 노동자들이 제공받는 기숙사 환경도 그런 주장을 하기에 적절치 않은 상황이었다. 국가인권위원회 부산사무소가 2009년 조사한 바에 따르면, 사내 기숙사라고 마련된 곳의 30%가 컨테이너 박스를 개조한 것이었고, 사외 기숙사나 일반 주거지를 제공하는 경우에도 97%가 쪽방 수준인 걸로 나타났다.

또 2012년 기준으로 외국인 노동자 79만 명 중 35만 명, 거의 44% 정도가 최저임금 이하를 받고 있다는 국회 조사 결과도 있었다. 권성동 의원의 주장과는 달리, 우리나라에서 외국인 노동자들의 임금 수준이 높다거나 후생복리가 특별히 좋다고 보기는 힘들었다.

그런데 이기권 고용노동부 장관은 권 의원의 발언에 대해 동의하면서, 이런 문제를 포함한 제도 개선을 2015년 하반기에 종합 검토하겠다고 밝혔다. 우리 노동부도 권 의원과 같은 생각을 하고 있다는 이야기다.

하지만 내 나라에선 내국인 노동자지만, 우리 역시 해외에 나가면 외국인 노동자가 된다. 실제 우리 청년들이 워킹홀리데이로 많이 가는 호주에서 최저임금도 제대로 못 받은 경우가 65%에 달한다는 노동연구원 조사 결과가 있다. 박근혜 대통령이 직접 청년들에게 '해외 진출'을 독려했던 중동 두바이의 경우, 아예 국적별로 최저임금을 차등 적용하고 있다.

혹시 우리 국민이 이렇게 해외에서 차별받았을 때, 우리 정부는 과연 어떤 이야기를 할 수 있을 것인지, 제도 개선 전에 한번 잘 생각해봐야 할 것 같다.

F   A   C   T   C   H   E   C   K

글로벌 팩트체커 공동 리포트
'글로벌 팩트체킹 서밋'

2015년 7월 영국 런던.
31개국 70여 명의 기자와 학자들이
시티대학교 대강의실에 모였다.

이들은 모두 각국 정치인이나 유력 인사의 발언을
검증하는 팩트체커들.
신문을 통해서, 혹은 방송이나
웹사이트를 통해서
그동안 해온 팩트체크에 대한
노하우를 공유하는 자리,
이른바 '글로벌 팩트체킹 서밋'이 열렸다.

2박 3일간의 일정을 마치면서
이들은 흥미로운 작업을 하나 제안했다.
10월에 있을 G20 정상회의에서 나올
각국 정상들의 발언을 팩트체크해
공동 리포트를 내기로 한 것.

미국의 워싱턴포스트,
독일의 ZDF 등 12개 매체가 뛰어들었고

한국 대표로 참여한 JTBC 팩트체크의 검증 대상은
'창조경제의 성과'에 대한
박근혜 대통령의 기조연설 내용이었다.

FACT-CHECKING THE G20

Renzi on jobs

Modi on GHG emissions

Dilma on the Amazon

Trudeau on the middle class

Obama on GDP growth

Park on Korean ODA

Fact-checks by Pagella Politica, Factchecker.in, Lupa, FactsCan, Washington Post Fact Checker, JTBC

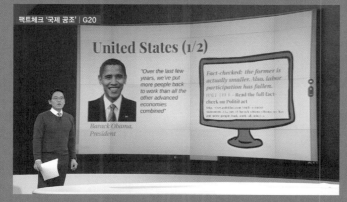

팩트체크 '국제 공조' | G20

United States (1/2)

"Over the last few years, we've put more people back to work than all the other advanced economies combined"

Barack Obama, President

Fact-checked: the former is actually smaller. Also, labor participation has fallen.

PART TO 1 - Read the full Fact-check on PolitiFact

http://www.politifact.com/truth-o-meter/statements/2015/jun/18/barack-obama/obama-says-his-put-more-people-back-work-all-other/

글로벌 팩트체커톤(Global Factcheckathon).

　주요 20개국(G20)에 해당하는 국가의 팩트체커들이 협력해 각국 정상 발언의 진위를 검증하는 프로젝트의 이름이다. 마라톤을 하듯 장거리를 뛰며 국경을 넘나드는 공동 작업이라는 의미에서 이런 이름을 붙였다. 2015년 10월 터키에서 열린 G20 정상회의를 겨냥해 10개국의 12개 매체가 참여하는 글로벌 팩트체커톤이 진행됐다.

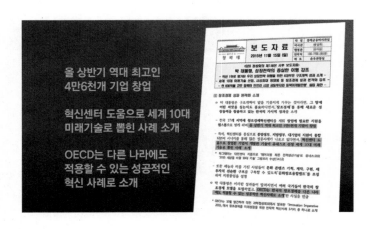

사실 다른 나라 정상이 내놓는 발언은 사실관계 확인이 어렵다. 언어적 한계도 있고 정치·문화에 대한 이해가 높지 않기 때문이다. 게다가 G20 회의 같이 우호적인 자리에서 나오는 발언들은 굳이 검증의 잣대를 들이대지 않기 때문에 외신 보도를 그대로 받아들이는 경우가 많다. 그래서 그 발언이 사실인 양 믿게 되고, 정책 결정에도 참고하는 상황이 발생하곤 한다. 이런 문제를 해결하자는 차원에서 각국 팩트체커들이 나선 것이다.

———은퇴자 창업 증가한 것도 창조경제의 성과?

터키에서 열린 G20 정상회의에서 한국의 박근혜 대통령은 첫 세션 8번째로 나와 연설을 했다. 발언 내용에 대한 청와대의 보도자료에 따르면 박 대통령은 창조경제를 통해 새로운 성장 동력을 창출하고 있는 한국의 가시적 성과를 소개했다고 했다. 그 결과 '2015년 상반기 역대 최고인 4만 6000개 기업이 창업했으며, 창조경제혁신센터의 도움으로 세계 10대 미래기술로 뽑힌 사례가 나올 정도로 성과를 냈다. 그래서 OECD가 다른 나라에도 적용할 수 있는 성공적 혁신 사례로 소개했다'는 내용이었다.

먼저 올 상반기 역대 최고인 4만 6000개 기업이 창업했다는 부분부터 보면, 일단 숫자는 맞다. 그런데 이게 과연 창조경제의 성과인지는 불분명하다. 통계청에서 발표하는 '대표이사 연령대별 신설 법인수'를 보면 30대 미만에서 신규 법인을 만든 게 전년도보다 많아지긴 했지만 전체적인 숫자를 끌어올린 것은 40대와 50대의 창업이라는 점이 확연하게 드러난다. 2015년 상반기 동안 신규 법인 등록을 한 기업 대표이사들의 연령 분포를 봐도 30대

미만이 5%에 불과한 반면, 40대가 39%, 50대가 26%, 60대 이상이 8%로, 10명 중 7명은 40대 이상의 창업이었던 셈이다. 그러니 창조경제에서 내세우는 '젊은 벤처인들'의 도전이 많아진 것이라고 볼 수 있는지 의문이 나오는 것이다.

한국경제연구원의 우광화 선임연구원은 "청년층이 새로 창업에 뛰어들기는 부담이 되는 상황에서 조기 퇴직이나 희망퇴직으로 나온 이들이 퇴직금을 가지고 영세사업이나 쉽게 접근할 수 있는 프랜차이즈 쪽으로 접근한 게 통계치로 나온 것 같다"라고 분석했다. 결국 얼마나 창업을 하느냐가 중요한 게 아니라 얼마나 지속해서 살아남느냐가 중요한데 "상반기에 역대 최고치인 몇 개 기업이 창업했다"라는 식의 통계는 지금 현상을 진단하기에 부족하다는 지적이었다.

우 연구원이 지적한 '얼마나 살아남느냐'를 보기 위해선 전체 청년 자영업자의 수가 그동안 어떻게 변했는지를 봐야 한다. 2015년 현재 15~29세 사이 청년 자영업자의 수는 16만 3000명. 전체 자영업자의 3%가 채 안 된다.

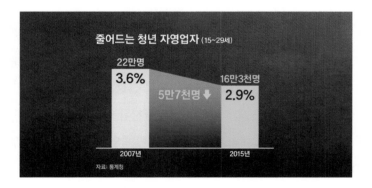

관련 통계를 시작한 2007년 22만 명이었던 것에 비해 오히려 5만 명 이상 줄었는데 전체에서 차지하는 비중으로 보면 역대 최저치다. 이 역시 지금 청년 창업이 과연 활성화돼 있는 건지 의문을 품게 하는 통계다. 젊은 벤처를 발굴, 육성하는 스타트업 얼라이언스의 임정욱 센터장은 "숫자만 만드는 게 중요한 게 아니다. 구글 같은 기업을 만들 창업의 질도 중요한데, 지금 정부의 정책은 국민들에게 그저 공평하게 창업 기회와 교육을 제공하겠다는 수준"이라고 지적했다.

박 대통령은 전국에 설립한 창조경제혁신센터의 성과에 대해서도 직접 홍보했다. 이곳의 도움으로 창업한 벤처기업의 기술이 세계 10대 미래기술로 뽑혔다는 점, 그래서 'OECD가 한국의 창조경제를 다른 나라에도 적용할 수 있는 성공적인 혁신 사례로 소개했다'라는 것도 연설에 담았다. 실제 대전 혁신센터의 지원을 받은 한 업체가 유연한 열전소자를 이용한 웨어러블(Wearable) 발전기를 개발했는데, 이 기술이 유네스코의 '2015년 세상을 바꿀 10대 기술' 그랑프리를 수상한 바 있다.

이 부분은 혁신센터의 성과로 볼 수 있는 것인데, 그렇다고 OECD가 다른 나라에서도 적용할 만한 성공적 혁신 사례로 소개했는지는 불분명하다. 해당 OECD 보고서상에선 정부 주도로 혁신 전략을 마련한 나라 중 하나로 소개가 돼 있을 뿐, '성공적'이라거나 '다른 나라에 적용할 만하다'는 내용은 찾아볼 수 없었다. 정부의 적극적인 의역이 개입했음을 짐작하게 하는 대목이다.

그런데 OECD 같은 외부의 평가보다 더 중요한 게 정책 수혜자라고 할 수 있는 한국 청년들의 평가일 것이다. G20 정상회의가 열리기 1주일 전, 헤

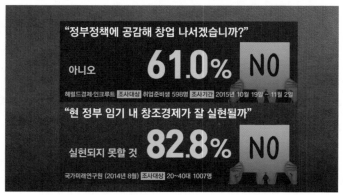

럴드경제와 취업 포털 인크루트가 취업준비생을 대상으로 '정부 정책에 공감해 창업에 나서겠느냐'고 물은 바 있다. 61%가 '아니오'라고 응답했다.

또 국가미래연구원이 2014년 8월 20~40대를 대상으로 '현 정부 임기 내에 창조경제가 잘 실현되겠느냐'고 물었더니 82.8%가 '실현되지 못할 것'이라고 응답했다. 선진국 정상들이 모인 자리에서 자랑한 우리 정책 성과가 정작 그 대상이 되는 이들에게는 아직 체감이 잘 안 되는 모습이다.

_____김용 총재와 반기문 총장 헷갈린 캐나다 총리실

이런 내용을 포함한 12곳 팩트체커들의 검증 결과가 11월에 나왔다. 텍스트와 동영상으로 정리된 결과물은 미국 언론연구기관인 포인터연구소 홈페이지(http://www.poynter.org/tag/factcheckathon)에서 확인할 수 있다. 터키의 경우 에르도안 대통령이 유럽 평균 최저임금을 언급하며 '터키 임금수준이 낮은 편이 아니다'라고 했는데 수치를 왜곡 인용한 것으로 드러났고, 브라질 호세프 대통령은 전임자들에 비해 세금 감면을 가장 많이 했다고 주장했지만, 역시 사실이 아닌 것으로 나타났다.

아주 간단한 팩트체크도 있었다. 캐나다 트뤼도 총리실에서 낸 공식 보도자료에선 트뤼도 총리가 반기문 유엔 사무총장과 면담을 했다는 내용과 함께 관련 사진을 첨부했다. 그런데 사진에서 트뤼도 총리 앞에 앉아 있던 인물은 반기문 총장이 아니라 세계은행 김용 총재였던 것. 아무리 한국계 인물이라지만 전 세계를 대표하는 두 기관의 수장을 헷갈린 것은 캐나다 총리실의 어이없는 실수였다.

우리나라 기상청 날씨 예보,
성적은 몇 점인가

어느 해 여름에 기록적인 폭염이 예상되자
빙과업체가 아이스크림 생산라인을 증설하는 등
공격적인 투자를 했다고 가정하자.
그런데 정작 그해 여름 날씨는 예년보다 선선했다.
빙과업체는 당연히 막대한 손해를 볼 수밖에 없다.
그래서 최근 들어서는 이런 경우에 대비한
'날씨보험'이 각광받고 있다.

업계에 따르면 한국은
에너지산업, 농업, 건설업, 소매업, 서비스업 등
날씨 영향에 노출돼 있는 산업 비중이
국내 총생산의 52%에 달한다.
이는 미국의 42%보다 높은 수치다.

그만큼 날씨 예보는 한국에서
중요한 문제라는 얘기다.
그렇다면 한국 기상청은
중요한 만큼 잘 맞히고 있을까?

2015년 7월, 9호 태풍 '찬홈'의 예상 진로를 둘러싸고 한국, 미국, 일본 3국이 각각 다른 예측을 내놨다. 상륙 사흘 전 기준으로 볼 때 한국은 중국 내륙으로 갈 것으로 예상했고 일본이 그보다 약간 동쪽, 미국이 서해 쪽을 예상했는데, 결과적으로 보면 미국이 가장 근접하게 진로를 맞혔다.

이어서 왔던 12호 태풍 할롤라의 경우를 보면, 사흘 전 예측한 경로가 한국은 오키나와 쪽, 일본과 미국은 한반도 관통을 예상했다. 그런데 이때는 최초 예측은 결과적으로 보면 한국 기상청이 가장 정확했다. 하지만 시간이 지나면서 한국이 예상 진로를 수정해, 결국 3국 다 못 맞힌 셈이 되어 버렸다.

이렇게 최근 사례를 놓고 3국의 태풍 예측에서 점수를 매긴다면 우열을 가리기 힘든 상황이다. 하지만 2014년 한 해 동안 발생한 23번의 태풍에 대해 얼마나 정확하게 맞혔나 집계해본 결과를 보면 좀 차이가 있다.

태풍 상륙 48시간 전에 한국이 예측한 진로의 오차는 평균 172킬로미터로, 일본보다는 약간 잘 맞혔고 미국보다는 좀 떨어졌다. 24시간 전과 72시간 전 예측치에서도 비슷한 결과가 나왔다. 이 결과만 놓고 보면 한국, 일본보다 미국이 조금 더 정확하다는 얘기가 된다. 이 때문에 온라인에서는 차라리 미

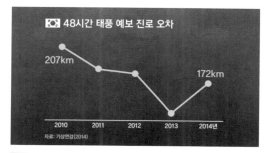

48시간 태풍 예보 진로 오차

207km

172km

2010　2011　2012　2013　2014년

자료: 기상연감(2014)

9호 태풍 '찬홈' 예상 진로와 실제 진로

실제진로

한국　일본

미국

10일 기준

12호 태풍 '할롤라' 예상 진로와 실제 진로

일본　미국

한국

실제진로

24일 기준

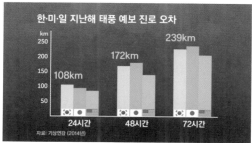

한·미·일 지난해 태풍 예보 진로 오차

km
250
200
150
100
50

108km

172km

239km

24시간　48시간　72시간

자료: 기상연감 (2014년)

국 예측치를 가져다 쓰자는 이야기도 나온다.

_____미국 예보는 군사적 목적?

하지만 그렇게만 볼 수 없다는 게 기상청의 이야기였다. 기상청 수치예보모 델개발사업단 권영철 본부장은 태풍 예보를 쉽게 바꿀 수 없는 한국과, 군사 적 목적으로 아시아 쪽 태풍 예보를 하는 미국의 비교가 적절치 못하다고 지 적했다. 미국에는 태풍을 예보하는 기관이 여러 개 있는데, 국립허리케인센 터(NHC)는 미국 본토의 태풍 예보를 담당하고, 합동태풍경보센터(JTWC)는 주로 군사적 목적으로 태평양 지역 태풍 예보를 담당한다. 일본과 한국은 '방 재'에 초점을 맞춘 예보를 하기 때문에 군사적 목적에 맞춘 미국 JTWC예보 와는 성격이 다르다는 이야기였다.

두 예보 방식은 기본적인 계산법과 예보 모델에도 차이가 있고, 변경의 용이성에서도 차이가 있다. 군사형 예보의 경우는 해군이나 공군의 병력 이 동에 초점을 맞춘 것이기 때문에 짧은 기간 안에 변경할 수 있도록 모델이 설 계되어 있다. 하지만 한국·일본의 방재형 같은 경우엔 재난 대비 목적으로 하 는 것이기 때문에 좀 더 긴 호흡으로 예측하는 모델이다. 방재형 모델에서 군 사형만큼 예보를 자주 바꾸게 되면, 사고 예방을 위해 준비할 시간을 충분히 확보하기 어렵고 많은 행정적 낭비를 부를 수도 있다. 애초에 다르게 접근해 야 하는 이유도 이 때문이다.

48시간 전 기준으로 172킬로미터라는 오차는 사실 생활인의 입장에서 보면 굉장히 큰 폭의 차이다. 한국의 부산에서 일본 후쿠오카에 이르는 정도

이기 때문에, 이틀 전까지도 태풍이 부산으로 갈지 일본으로 갈지 알기 힘들다는 얘기가 된다.

해마다 예측 방식을 개선하면서 이 오차는 점점 줄어들고 있긴 하다. 하지만 워낙 태풍의 변동성이 큰 데다가, 대륙과 달리 바다 위에는 관측소를 일일이 세우기 힘들기 때문에 어느 나라든 태풍 예측 정확도를 높이는 데 어려움을 겪고 있다.

_____각국별로 살펴본 예보 시스템의 성능

그렇다면 변동성이 큰 태풍 외에 다른 기상 예보는 어떨까? 각국별로 예보 시스템의 성능이 어느 정도 되는지 평가한 '기상연감'의 지표에 따르면, 한국은 세계 상위권의 예보 강국이다. 2014년 기준으로 EU가 90으로 1등, 영국이 89로 2등, 미국과 한국이 비슷한 수준으로 나타났다.

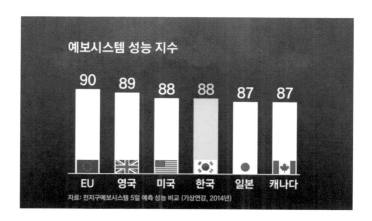

반기성 케이웨더 예보센터장
"현대적인 수준으로
예보하고 투자하는
나라 자체가 많지 않다.
순위를 매긴다면
상위가 될 수밖에 없다"

그런데 순위권의 나머지 국가들도 점수는 큰 차이 없이 비슷한 수준이다. 실제로 슈퍼컴퓨터를 동원해 전 지구적인 예보 시스템을 자체 운영하는 곳이 한국을 비롯해 전 세계 10곳 정도밖에 없기 때문이다.

그만큼 한국은 기상 예측에 많은 투자를 하는 국가 중 하나다. K-웨더의 반기성 예보센터장은 "실제 한국의 예측 수준도 높지만, 이 정도 투자하는 나라 자체가 많지 않기 때문에 순위를 매긴다면 상위권일 수밖에 없다"라고 인정하기도 했다.

그럼에도 불구하고 기상 예보가 자꾸 틀리는 것처럼 느껴지는 이유는 무엇일까? 정서적인 요인도 있다는 게 대부분 전문가들의 지적이었다. 예보가 틀리는 경우만 인상에 깊게 남기 때문에, 맞히는 날이 더 많은데도 불구하고 항상 틀리는 것처럼 생각한다는 것이다. 그래서 일각에서 무엇보다 추석이나 설 연휴, 크리스마스처럼 특별한 이벤트가 있을 때 날씨를 잘 맞히는 게 중요하다는 이야기도 있다.

현재 한국 기상청의 기상 관측 장비는 세계 최고 수준에 근접해 있다. 하

지만 그걸 활용하는 예측 모델은 영국 것을 가져다 쓴다. 이 때문에 맑은 날까지 포함해 평균적으로는 예측이 잘 맞지만, 정작 결정적일 때 예측이 잘 안되는 것 아니냐는 지적도 전문가들 사이에선 나오고 있다. 영국 모델이 잘 만들어진 것은 사실이지만 영국의 지정학적 조건이 한국과 다르기 때문에 맞지 않는 경우가 생기는 것이다.

그래서 한국형 예측 모델을 만드는 작업이 현재 진행되고 있고, 기상청은 2019년까지 완성한다는 계획을 내놨다. 기왕 만드는 예측 모델이 한국 실정에 잘 맞도록 다듬어져서, '우리 할머니 관절염이 더 정확하다'는 농담은 없어질 수 있었으면 좋겠다.

FACTCHECK

헌혈을 둘러싼 괴담,
진실은 무엇인가

2016년 새해 벽두부터
대형 병원들에 비상이 걸렸다.
혈액 재고량이 평상시의
20~30% 수준으로 떨어지면서
혈액원에 요청을 했지만
공급이 제대로 이뤄지지 않았던 것.

중동호흡기증후군(메르스) 여파에
학교 방학으로 헌혈이 줄어든 탓인데
여기에 갑자기 등장한 루머까지
혈액 부족 사태를 부채질했다.

'충격, 절대 헌혈을 하면 안 되는 이유'라는 제목으로
인터넷 공간을 헤집고 다닌 이 글은
헌혈이 노화를 부추기고
골다공증에 걸리기 쉬우며
심지어 적십자사 직원들의 배를 불리는
수단이 되고 있다는 것.

SNS에서 급속히 공유되면서
팩트체크 팀에도 이를 검증해달라는 민원이 쇄도했다.

헌혈을 둘러싼 괴담의 진실은 무엇일까?

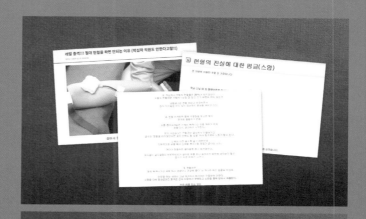

(충격) 절대 헌혈하면 안 되는 이유 (필독, 안 보면 손해)

- 골수가 '안 해도 될 일'을 함으로써 노화가 빨리
- 헌혈하면 골다공증 쉽게 걸려
- 호르몬·영양소 다 빠져나가 키 안 큼
- 헌혈량이 수요보다 넘치는데 가격 조절 위해 폐기 처분
- 적십자사 직원 헌혈률 30% 미만. 위험한 것 알기 때문

_____'충격, 절대 헌혈을 하면 안 되는 이유'

누군가 인터넷 게시판에 올린 글이 SNS의 '공유하기'를 통해 퍼져나갔다. '헌혈을 하면 골수가 안 해도 될 일을 하게 되니 노화가 빨리 온다', '헌혈을 하면 골다공증에 쉽게 걸린다', '헌혈을 통해 호르몬과 영양소가 다 빠져나가 청소년들은 키가 안 큰다', '이런 내용을 이미 알고 있기 때문에 대한적십자사 직원들의 헌혈률은 30% 미만이다'라는, 언뜻 들으면 무시무시한 내용들이었다. 게다가 항상 헌혈량이 실제 필요한 양보다 많은데, 공급량이 넘치면 가격이 떨어지기 때문에 아까운 피를 폐기 처분한다는 이야기까지 나왔다. 선행이라 생각하고 헌혈 차량에 자발적으로 올랐던 이들에게는 배신감을 느낄 수밖에 없는 내용이었다.

_____헌혈 100년 역사 동안 해롭다는 증거 없어

1901년 오스트리아의 란트슈타이너가 혈액형을 발견하면서 본격적으로 수

혈과 헌혈의 역사가 시작됐다. 그러다 1차, 2차 세계대전을 거치면서 부상병을 치료하는 과정에서 중요한 의료 방법으로 자리를 잡았다. 100년이 넘는 시간 동안 헌혈과 관련한 임상과 연구가 진행돼온 셈이다.

먼저 '골수에 무리가 간다'는 주장에 대해 진동석 계명대 진단검사의학과 교수는 "전혀 그런 게 없다"라며 손사래를 쳤다. 오히려 피를 더 많이 만들어내야 하니 활동성이 좋아지는 등 좋은 쪽으로 작용할 것이라는 이야기였다. 특히 헌혈은 사전 검사를 통해 건강한 사람들만 대상으로 진행되기 때문에 더욱 그렇다고 했다.

건강한 사람이라면 몸속에 있는 혈액 가운데 15% 정도를 예비로 가지고 있다. 체중이 60킬로그램인 남성의 경우 보통 4800밀리리터의 피가 몸속에 있는데 이 중 720밀리리터가 예비용이고, 50킬로그램의 여성이라면 3500밀리리터 정도인 전체 혈액 가운데 525밀리리터가 예비용인 셈이다.

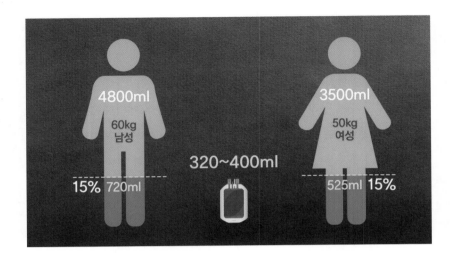

그런데 가장 많은 양의 피를 뽑는 전혈 수혈의 경우 320~400밀리리터 정도를 뽑는다. 예비로 비축해두고 있는 양보다 적게 뽑으니 건강에 무리가 없다는 설명이다.

키가 안 자란다거나 골다공증의 위험이 있다는 루머는 피를 많이 뽑으면 그만큼 몸속의 영양소가 빠져나가기 때문이라는 논리에 근거하고 있다. 하지만 현재까지 의학적으로 골다공증의 원인으로 알려진 것은 칼슘 섭취 부족, 여성호르몬 감소, 알코올, 흡연, 비만 등이다. 헌혈과 관련이 있다는 연구 결과는 없다.

키 역시 마찬가지다. 서울대 진단검사의학과 한규섭 교수는 "키와 관련된 영양소는 칼슘인데, 헌혈로 빠져나가는 성분은 철분이고 칼슘 유출은 극미량에 불과하다"라며 "헌혈이 성장에 지장이 된다는 명확한 근거가 없다"라고 말했다.

_____전국 의대생들도 릴레이 헌혈 나서

'적십자사 직원들도 30%밖에 헌혈을 하지 않는다'는 이야기는 국정감사 자료에서 비롯된 것으로 보인다. 새누리당 이명수 의원실에서 2013년 공개한 자료에 따르면 적십자사 본사 직원들의 헌혈 활동 참여 비율은 2012년 43%, 2013년 39%였다. 이 수치를 보면 적십자사에서 솔선수범하고 있다는 느낌이 들지 않을 수 있다. 하지만 지금 우리 국민 전체 헌혈 비율은 6% 남짓이다. 여기에 약물 복용이나 빈혈 등으로 헌혈을 못 하는 직원도 있기 마련이다. 그런 것까지 감안하면 적십자사 직원들이 헌혈을 기피하고 있다고 보긴 힘든 수치라는 게 전문가들의 의견이었다.

'적십자사 직원들도 기피하니 헌혈은 위험한 것'이라는 논리를 반박할 수 있는 또 다른 사례는 의사들이다. 전국 의대생들이 몇 년 전부터 '나눔 릴

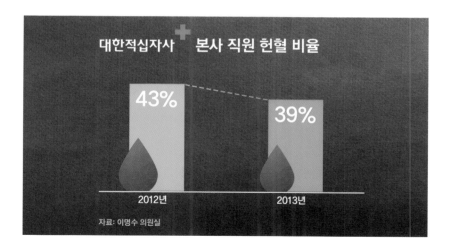

대한적십자사 본사 직원 헌혈 비율

43%
2012년

39%
2013년

자료: 이명수 의원실

대한적십자사 혈액관리본부

"혈액 수가는 경제적 원가 개념이 아니라 혈액을 채혈·관리·공급하기 위한 관리 비용으로 정부가 정한다"

레이'라고 해서 헌혈과 조혈모세포 기증 운동을 매년 펼치고 있다. '의사들이 피하고 있지 않으니 헌혈은 위험하지 않다'고 해석될 수 있는 대목이다.

적십자사가 혈액을 비싸게 받으며 장사한다는 이야기도 공급체계를 알면 성립되지 않는 주장이다. 혈액관리본부 측은 "혈액 수가는 경제적인 '원가' 개념이 아니라, 혈액을 채혈하고 관리하고 환자에게 공급하기 위한 관리 비용으로 정부가 정하는 것"이라고 설명한다. 혈액 공급량에 따라 가격이 오르고 내리는 게 아니라 이미 공급가가 정해져 있다는 이야기다. 또 "OECD 국가들 혈액 수가가 보통 100달러를 넘는데, 우리는 40달러 정도로 높은 편이 아니다"라고도 했다.

적십자사에선 이런 루머에 대해 "법적 대응을 하려 했으나 작성자로부터 더는 퍼뜨리지 않겠다는 약속을 받아내 지켜보고 있다"라고 했다. 하지만 잊을 만하면 다시 나타나는 게 헌혈과 관련한 괴담이다. 인터넷상에서 관심을 끌기 위해 퍼뜨리는 이런 루머를 근절시키기 위해선 역시 많은 국민들이 팩트에 대한 정확히 이해를 하고 있는 수밖에 없다.

비행기 조종이
자동차 운전보다 쉽다?

"비행기 운전하는 게 자동차 운전보다 쉽다."

상식적으로 납득하기 힘든 이야기인데
그 이야기가 항공사 회장에게서 나왔다.

최초의 자동차가 등장한 게 1886년.
최초의 유인 동력 비행기가 나온 건
이보다 17년 뒤인 1903년.

자동차 한 대 생산에 필요한 부품이 2만~3만 개,
항공기 한 대 생산에 필요한 부품은 300만 개로 추산되는데

어떤 근거로 비행기 조종이
자동차 운전보다 쉽다고 한 것일까?

그렇다면 2종 보통 면허를 가지고 있는
사람이 마음만 먹으면
지금이라도 에어버스 380을
몰 수 있는 것일까?

facebook

↳ 비행기 운항이
자동차 운전보다 쉽다

조양호

조양호 전문용어로 잔뜩 나열 했지만, 99%는 새로운것이 아니며, 운항 관리사가
다 브리핑 해주고, 운행중 기상의 변화가 있어도 KAL은 OPERATION CENTER
에서 다 분석 해주고, 조종사는 GO NO GO만 결정하는데 힘들다고요?
자동차 운전보다 더 쉬운 AUTO PILOT로 가는데.
아주 비상시에만 조종사가 필요하죠.
과시가 심하네요. 개가 웃어요. 마치 대서양을 최초로 무착륙 횡단한
LINDBERGH같은 소리를 하네요. 열심히 비행기를 타는 다수의 조종사를 욕되
게 하지 마세요.

👍 10 · 3월 13일 오전 4:31 · 수정됨

스트레스 많이 받는 직업

1위	군인	6위	홍보 담당자
2위	소방관	7위	기업 임원
3위	항공기 조종사	8위	방송인
4위	경찰	9위	신문기자
5위	행사 기획자	10위	택시 기사

자료: 미국 커리어캐스트 (2016년)

대한항공의 김모 부기장이 자신의 페이스북에 글을 하나 올렸다. '보통 비행기 타기 2시간 30분 전까지 출근해 그날 항로나 날씨, 공항 정보 등 상당한 양의 문서를 숙지한다. 상당히 할 일이 많다'는 내용의 글이었다. 그러자 몇 시간 지나 이에 대해 반박하는 댓글이 달렸다. '운항 관리사가 다 브리핑해주고 기상 변화도 회사가 다 분석해주고, 조종사는 갈 거냐 말 거냐만 결정하는데 뭐가 힘드냐. 자동차 운전보다 더 쉽다'는 내용이었다. 또 '2시간 반 동안 읽는 것도 새로운 것은 아니지 않느냐. 다 읽는 거 아니지 않느냐'면서 '아주 비상시에만 조종사가 필요한데 과시가 심하다. 마치 대서양 최초로 무착륙 횡단한 린드버그 같은 소리를 한다'는 댓글이 이어서 달렸다.

이 모든 댓글을 단 사람의 이름은 '조양호'. 직원이 올린 페이스북 글에 회장이 직접 반박 댓글을 단 것이다.

자동운항이라도 이·착륙의 상당 부분은 기장의 역할

대한항공 홍보실에선 조 회장의 댓글이 맞다고 확인했다. 요즘 여객기들이 자동화가 많이 돼 있다는 점을 강조한 것이라는 해명이었다. 실제 1960년대 이전 초창기 장거리 여객기 조종실에는 조종사와 부조종사, 기관사, 항법사에 무선통신사까지 5명이 꼭 필요했다. 그러다 점점 자동화가 진행되면서 이젠 기장과 부기장, 2명만 남게 됐다.

현직 기장에게 확인을 해보니, 예를 들어 서울에서 뉴욕까지 14시간 정도 걸린다면 그중 12시간 정도는 자동운항으로 간다고 했다. 그러니 운전하는 내내 전방을 주시하며 가속기와 브레이크를 조작해야 하는 자동차 운전

보다 쉽다는 이야기가 나온 것이다.

조 회장은 그래서 "비상시에만 조종사가 필요하다"고도 했는데, 실제 자동운항 중 기장의 역할은 미미할까? 전문가들의 의견은 달랐다. 항공기 기장 출신인 홍규선 동서울대 항공서비스과 교수는 "운항 중 급격한 기류 변화나 터뷸런스에 의해서 승객들의 안전이 위협받는 경우도 있으므로 자동운항 상태라도 기장이 긴장을 늦출 수는 없다"라면서 "특히 이·착륙 때가 가장 어려운 시점이며 긴장도가 최고조에 달하는 때"라고 이야기했다. 착륙의 경우 자동으로도 가능하지만 기상이나 공항 상황에 따라 여전히 조종사가 수동으로 진행하기도 한다. 이륙의 경우는 일정 고도에 이르기까지 조종사가 직접 수동으로 한다.

그동안 집계된 주요 항공사고를 보면 80% 정도가 이·착륙할 때 발생했는데, 그 원인을 보면 조종사 과실인 경우가 53%로 가장 많다. 안전과 관련해 조종사의 역할이 그만큼 결정적이라는 이야기다. 그러다 보니 기장들이

받는 정신적 스트레스도 상당하다. 미국의 한 취업사이트에서 매년 매기는 '스트레스 많이 받는 직업 순위'에서 항공기 조종사는 2016년 3위를 차지했다. 군인, 소방관 다음인데, 그러니 조종사들의 업무가 간단하다고 보긴 힘든 대목이다(참고로 방송인·신문기자는 8위와 9위에 올랐다).

_____파업으로 인한 감정싸움이 SNS 싸움으로 번져

조 회장은 해당 글을 쓴 부기장을 린드버그와 비교하기도 했다. 찰스 린드버그는 1927년 대서양을 무착륙 횡단한 비행사로, 33시간 30분 동안 졸음과 싸워가며 미국 뉴욕을 출발해 프랑스 파리까지 비행기를 몰았다. 고도와 방향, 속도도 모두 혼자서 계산해 조종해야 했다. 조 회장은 페이스북에 글을 올린 부기장이 마치 이런 린드버그처럼 모든 일을 혼자 다하는 것처럼 군다는 의미로 댓글을 달았다.

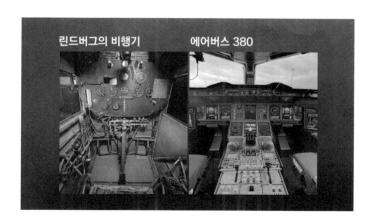

하지만 실제 린드버그가 대서양 횡단 때 탔던 비행기 조종석과 최신 기종인 에어버스 380의 조종석을 비교해보면 과연 지금 조종사들이 린드버그보다 못하다고 할 수 있는지 의문이다. 물론 린드버그 시절보다 육체적으로는 편해졌겠지만, 현재의 모든 장비들을 다 이해하고 또 훈련을 받고, 그렇게 한 사람의 부기장이 되는 데 보통 8억~10억 원 정도가 든다. 부기장이 된 이후에도 1500시간의 비행 경력을 쌓아야 기장이 될 수 있다. 그러니 회사 입장에서는 이들을 결코 '갈 거냐 말 거냐' 버튼만 누르는 자원으로 생각할 수는 없다.

1974년 입사해 40년 넘게 대한항공에서 일한 조 회장이 이런 사실을 모를 리 없다. 그럼에도 이런 이야기를 하게 된 배경에는 노사 갈등이 있다. 임금협상이 결렬되면서 조종사 노조가 파업을 결의했는데, 노조는 "다른 나라 조종사에 비해 처우가 열악하다. 지난해 적자가 났는데도 조 회장의 임금을 37% 올렸으니 우리도 그에 맞춰 올려달라"라는 요구를 했다. 이에 사측

은 "회장 임금은 6%밖에 오르지 않았다, 억대 연봉 받는 귀족노조가 억지를 부린다"라고 맞섰다. 이후 조 회장의 임금 인상률이 37%였다는 것은 잘못된 보도를 인용한 걸로 드러났지만, 임금 인상률을 두고서는 여전히 합의점을 찾지 못하면서 감정의 골이 깊어지고 있는 상황이었다.

그럼에도 조 회장의 댓글은 최고경영자로서 성급한 행동이었다는 비판을 피하기 힘들다. 경영학 대가인 피터 드러커는 '그들은 직원이 아니라 사람이다'라는 제목의 글에서 '직원을 부채가 아닌 자산으로 봐야 한다'고 지적한 바 있다. 유한양행 창립자 유일한 박사는 '연마된 기술자와 훈련된 사원은 기업의 최대 자본'이라고 강조하기도 했다.

SNS를 통한 직원과의 소통은 좋은 시도지만, CEO로서 한 직군의 업무를 공개적으로 폄하하는 것, 굳이 경영학 교과서를 펼치지 않아도 긍정적인 행동이 아니란 점은 분명하다.

'진실의 집'을 짓는 마음으로

"팩트체크였습니다, 수고했습니다."

손석희 앵커의 마무리 멘트가 끝나면, 드디어 긴 하루가 끝이 난다.

스튜디오 부조종실에서, 사무실 모니터 앞에서, 퇴근하는 지하철 안에서, 각각 다른 공간에서 방송을 지켜보고 있던 팩트체크 팀원들은 그제야 안도의 한숨을 내쉬며 메신저 창을 통해 서로를 격려하는 인사를 나눈다.

> 고생하셨어요!
> 오늘 그 CG 멋졌어요~
> 트위터 반응 좋은데요!
> 다들 고생했어. 푹 쉬고 내일 봅시다.

아침부터 밤까지 이어지는 고단한 일정 속에서, '팩트체커'들을 버티게 해주는 건 그렇게 서로를 향한 감사와 격려다. 방송은, 결코 혼자서는 만들 수 없기 때문이다.

##_____300채가 넘는 '진실의 집'을 지으면서

2014년 9월, 팩트체크가 시작되던 무렵과 거의 비슷한 시기부터 경기도 파주에 작은 집을 짓는 작업을 시작했다. 설계부터 준공까지 1년여에 걸친 긴 여정이었다. 그 과정에서 선명하게 배운 것이 있다면, 집을 짓는 데 정말 많은 사람들이 노력을 보탠다는 사실이다. 팩트체크 방송을 만드는 과정과 비슷했다.

설계사들과 함께 고민해서 집의 설계도를 만들고, 도면을 바탕으로 터를 다지고, 철근으로 뼈대를 잡고, 콘크리트를 부어 구조물을 만든다. 단열작업과 방수작업, 벽에 페인트를 칠하는 공정을 거쳐 창문을 붙이고 지붕을 씌운다. 수도와 전기, 보일러 시설도 설치해야 하고, 전기설비 작업과 가구를 짜서 넣는 세부 인테리어까지 수많은 공정이 기다린다. 이 과정에서 어느 한 공정이라도 호흡이 맞지 않으면 집에 문제가 생기고 하자가 발생한다. 자칫하면 모든 걸 처음부터 다시 해야 하는 경우도 있다.

팩트체크를 만드는 과정도 함께 호흡을 맞춰 '팩트의 집'을 만들어 가는 공정이다. 아이템을 찾고, 기사의 흐름을 구성하고, 세부적인 내용을 취재하고, 전문가들의 조언을 들어 녹취하고, 이를 다시 영상과 CG로 구현하고, 마지막에 손석희 앵커와 김필규 기자의 퍼포먼스를 통해 완성한다. 시청자들은 완성된 집 전체의 모양을 보지만, 바닥부터 서까래까지 하나하나 팀원들의 땀과 시간이 스며들어 있다.

아이템을 총괄하고 방송을 책임지는 팀장 김필규 기자, 방송 흐름을 함께 만들고 심층 취재를 담당하는 나와 차지혜 작가, 영상을 고민하고 화면을

317

구성하는 이진우 피디, CG를 통해 어려운 내용을 정리하는 이지원 디자이너, 신속한 자료 조사로 늘 큰 힘이 되는 오지현·이승주 리서처 그리고 짧게 스쳐 지나는 인연에 그치지 않고, 세부 자료를 찾아 정리하는 데 큰 힘을 보태준 역대 인턴기자들, 박의연·박윤정·석혜원·김정현·설지연·이진영·하휘준·노지현·임춘한·김민경·김안수(이 중에는 벌써 언론사 시험에 합격해 기자로 활동을 시작한 이들도 있다).

매일 새로운 문제를 다뤄야 하는 팩트체크는 매일 집 하나를 새로 짓는 여정과도 같다. 날림공사, 부실공사는 절대 허용되지 않는다. 호흡 잘 맞는 팀원들이 함께 머리를 맞대지 않았다면 팩트체크는 벌써 무너져 버렸을 것이다. 그렇게 어느새 300채 넘는 '진실의 집'을 지었다. 저널리즘의 본령이 흔들린다는 걱정이 여기저기서 터져나오는 시기. 정파와 목적을 위해 재단한 제멋대로의 사실이 아니라, 오직 진실만을 향한 노력이 인정받을 수 있는 세상을 위해서, 내일 아침도 팩트체크 팀원들은 새로운 기둥을 세우기 시작할 것이다.

임경빈 방송작가,
'팩트체크' 메인 작가

'팩트체커'의 하루

07:30 조간과 SNS 체크

팩트체커들의 하루 시작은 눈 뜨면서부터다. 전날 미리 아이템을 정하지 못한 날에는 더 일찍 그럴 수밖에 없다. 먼저 스마트폰의 '조간신문 모아보기' 탭을 통해 주요기사들을 훑어 보면서 어떤 기사들이 얼마나 화제가 됐는지 살펴본다. 트위터와 페이스북도 중요한 체크 포인트이다. 특정 이슈를 가장 빠르게 생성하고 소비하는 건 역시 소셜 미디어다. 현재 폭넓게 퍼지고 있는 루머들도 있지만, 간혹 전문가들이 올린 글에서는 중요 현안에 대해 미처 생각하지 못했던 새로운 시각을 얻기도 한다. 이렇게 각자 확인한 내용, 떠오른 아이템 후보들은 팩트체크 업무용 메신저에 모두 올라간다. 서로의 아이디어에 살을 붙이고, 코멘트를 달다 보면 다룰 만한 아이템과 버릴 아이템이 자연스럽게 구분된다.

10:00 아침 회의와 팀 회의

그날 아이템은 김필규 기자가 보도국 편집회의에 가지고 들어가 발제한다. 정치부, 사회1·2부, 경제부, 문화스포츠부 등 각 부 부장들이 그날의 기사 거리를 가지고 들어와 한정된 런다운(뉴스 생방송을 위한 순서표) 안에 자기 부서

의 기사들을 넣기 위해 경쟁한다. 팩트체크는 이와 달리 매일 5분 이상의 고정된 시간이 주어져 있다. 시간을 얻기 위해 경쟁을 할 필요는 없지만 그만큼 부담감은 더 크다. 그 시간만큼의 시청자 반응, 내부 평가, 시청률 모두 오롯이 팩트체크 팀의 몫이기 때문이다.

`11:00` 팩트체크 팀 1차 아이템 회의

보도국 편집회의와 손석희 앵커의 의견이 모아져 그날 아이템이 결정되면 팩트체크 팀끼리의 1차 아이템 회의가 진행된다. 임경빈 작가, 차지혜 작가, 오지현 리서처, 이승주 리서처가 참석한다. 2015년 말부터 팀 내 취재인력이 이렇게 구성됐는데, 이제는 서로 눈빛만 봐도 다음 취재를 어떻게 진행할지 파악할 수 있는 수준이 됐다. 오늘의 아이템을 어떤 식으로 전개시킬 것인지

정리하는 게 1차 회의의 핵심이다. 도입부 구성, 문제제기 방식, 기사의 무게중심과 결론 제시 방식까지 전체적인 흐름을 잡아본다. 어떤 것은 논문을 인용하고, 어떤 부분은 전문가의 코멘트를 직접 받을 것인지에 대한 취재 계획도 이때 수립한다.

`12:00` 점심식사 겸 회의

하루 종일 바쁘게 움직여야 하기 때문에 점심시간만큼은 여유 있게 보내고 싶은 마음이다. 하지만 식사에서 간단한 커피 한 잔으로 이어지는 동안에도 수시로 오늘 아이템과 관련된 토론이 끼어든다. 1차 아이템 회의 때 미처 정리하지 못했던 아이디어들이 식사 중에 튀어나오기도 하고, 그러면 그 자리에서 저마다 스마트폰을 꺼내 자료 검색을 하기도 한다. 과히 아름다운 모습은 아니지만 이제는 모두 익숙해진 패턴. 팩트체크를 한 지 2년이 다 되어 가지만 여전히 익숙함을 즐길 수 있는 단계에는 오지 못했다.

`13:00` 본격적인 취재, 그리고 기사 작성

점심 식사가 끝나면 팀원 모두 불꽃 같은 취재에 들어간다. 과거 기사나 외신을 찾고, 관련 논문을 분석하고, 국회 속기록을 뒤지면서 동시에 전문가나 관련자들의 연락처를 수소문해 전화를 돌린다. 모두 열정이 대단하기 때문이기

도 있겠지만, 그날 저녁 무조건 나가야 하는 방송이다 보니 이렇게 치밀하게 취재를 해놓지 않으면 곧 방송사고로 이어진다는 두려움 때문에 속도를 낼 수밖에 없다. 취재한 내용을 메신저에 올려 놓으면, 김필규 기자가 이를 바탕으로 기사 초안을 작성한다.

16:30 2차 CG 및 영상회의

기사 초안이 작성되면, 이진우 피디와 이지원 그래픽 디자이너가 회의에 합류한다. 본격적으로 방송의 모양을 만들기 위한 회의다. 기사 초안을 함께 리뷰하면서, 빠진 내용이나 추가로 들어가야 할 내용도 찾아낸다. 이진우 PD와는 기사내용에 맞춰 어떤 영상을 보여주면 좋을지 결정한다. 코너 특성상 난무하는 각종 데이터들을 CG를 통해 알기 쉽게 구현하는 것도 관건이다. 기사의 내용에 맞춰 어떤 형태의 그래프를 사용할 것인지, CG에 어떤 식의 움직임을 줄 것인지, 이지원 디자이너와 함께 고민한다.

17:30 기사 보완 및 저녁식사

영상·CG 회의를 하고 나면 기사에서 보완해야 할 부분이 명확해진다. 자료가 더 필요한 경우에는 추가 취재에 들어가고, 이를 바탕으로 기사의 밀도를 높인다. 마무리가 순조롭다면 함께 저녁식사를 하러 나갈 수 있지만, 사실 그런 날은 많지 않다. 도시락이냐 김밥이냐 햄버거냐, 짧은 고민의 시간을 거친 뒤 후반 작업에 돌입한다.

19:30 방송 분장 및 CG 내용 확인

김필규 기자는 분장실로, 작가진은 CG실로 향한다. 방송준비를 위한 최종단계라고 할 수 있다. 특히 CG에 대한 꼼꼼한 확인은 여러 번 강조해도 지나치지 않다. 회의에서 논의한 내용이 충실히 반영됐는지, 데이터가 틀렸거나 오탈자는 없는지 하나하나 확인한다. 사소한 맞춤법이라도 CG가 틀리면 뉴스의 신뢰도를 떨어뜨릴 수 있기 때문이다. 무엇보다 손석희 앵커가 방송 중 그 자리에서 CG 오류를 직접 지적할 때도 있기 때문에 더 신경을 써야 한다. 팩트체크 코너는 100% 라이브다. 리허설을 해볼 수 있다면 좋겠지만 제작 공정상 그럴 시간도 없고, 1시간 30분짜리 뉴스 전체를 준비하고 있을 앵커에게 연습해 보러 잠깐 내려와 달라고 말하기도 쉽지 않은 일이다. 결국 분장을 마친 김필규 기자가 이진우 피디와 컴퓨터 화면 앞에서 비디오 월에 얹힐 CG를 확인해 보는 정도로 준비는 끝이 난다.

20:00 온 에어, 그리고 또 다른 준비

손석희 앵커의 오프닝 멘트와 함께 〈뉴스룸〉이 시작된다. 팩트체크는 보통 밤 9시를 조금 넘은 시간에 시작한다. 방송까지 한 시간 정도의 여유. 팀원들은 그 시간 동안 내일은 어떤 아이템을 할지, 또 다시 고민에 들어간다. 업무의 시작과 끝이 명확하게 구분되지 않는 것도 팩트체크팀이 고된 이유 중 하

나다. 드디어 경쾌한 시그널 음악과 함께 팩트체크가 시작된다. 손석희 앵커와 김필규 기자의 질의응답 방식으로 5~7분 정도 진행되는데, 포털 사이트와 SNS에서는 실시간으로 반응들이 올라 온다. 하루 종일 진행된 강행군에 진이 쪽 빠진 상태지만 '수고했다'는 격려, '역시 팩트체크'라는 반응을 보면 하루의 피로가 방송과 함께 씻겨 내려가는 기분이다.

"고생 많으셨습니다~", "오늘 방송 재밌었어요!", "시청자 의견 좋네요."

팩트체크 코너가 끝난 후 업무용 메신저에는 이렇게 서로를 격려하는 팀원들이 메시지가 곧바로 올라온다. 이 메시지들이 오늘을 마감하는 신호다. 길었던 팩트체커들의 하루는 이제야 끝이 난다.

하지만 끝은 또 다른 시작과 연결된다. 내일 아침이 밝으면, 우리는 또다시 드넓은 정보의 바다에서 확인해야 할 '팩트들' 사이를 헤매야 한다. "그런데 그 얘기, 진짜야?"라고 궁금해 하는 시청자가 있는 한, 팩트체크를 멈출 순 없으니까.

'진실을, 오직 진실만을' 전하기 위해 뛰어야 하니까.

팩트체크 제작에 참여한 사람들

김필규 기자

임경빈 작가

차지혜 작가

이진우 피디

이지원 디자이너

오지현 리서처

이승주 리서처

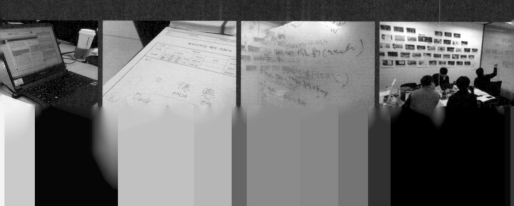

세상을 바로 읽는 진실의 힘
팩트체크 정치·사회 편

초판 1쇄 2016년 5월 28일
     6쇄 2019년 7월 22일

지은이 JTBC 뉴스룸 팩트체크 제작팀

발행인 이상언
제작총괄 이정아
편집장 조한별

디자인 [★]규

발행처 중앙일보플러스(주)
주소 (04517) 서울시 중구 통일로 86 4층
등록 2008년 1월 25일 제2014-000178호
판매 1588-0950
제작 (02) 6416-3950
홈페이지 jbooks.joins.com
페이스북 www.facebook.com/hellojbooks

ⓒ JTBC, 2016

ISBN 978-89-278-0764-3 03300